KAIZEN《カイゼン》
改善
―二宮金次郎のすごい働き方―

リーダー元気塾　塾長
松﨑俊道 著

栄光出版社

目次

はじめに

いつのころでしょうか、私はある時、二宮金次郎が「積小為大」という言葉を遺していたことを知りました。以来、江戸時代の人が小を積んで大を為すことの大切さを説いた、という事実を私はずっと気に留めていました。

私は経営コンサルタントとして、カイゼン（改善）を中心に仕事をしてきました。カイゼンとは現場からトップに至るまで、それぞれの立場で小さな工夫を積み重ねることです。今や日本のカイゼンはＫＡＩＺＥＮとして世界語になっています。私の仕事は、工場やオフィスでの一つ一つのカイゼンを指導するというよりも、その背景としてのカイゼンマインドを普及浸透させることです。「もっと良くしていこう」「もっとカイゼンしよう」という魂さえあれば何とかなる……。私はそう信じてあらゆる業種業態の人々へカイゼンマインドを呼びかけてきました。

世界の言葉ＫＡＩＺＥＮ……そのルーツはどこにあるのだろう？　そこで私は「積小為大」を説いた二宮金次郎に焦点をあててみることにしたのです。一方で、多くの日本人の金次郎のイメージはあの薪を背負って読書しながら歩く少年の姿ではないでしょうか。しかし彼の真価は成人したのちにあるのです。成人した金次郎はまさに、カイゼンの志を高く掲げて六百余の村々を救い何十万人もの人々を飢餓から救ったのです。

十九世紀の初め、日本の農業は悲しむべき状態でした。二百年続いた鎖国、そして平和。あらゆる階級の人々の心は随分とゆるんでいたのです。多くの田や畑で土地の収入は、本来の三分の一にも四分の一にもなってしまったなどと、と言われているくらいですから。農民の間でも道徳が退廃していました。

そのような時代に、勉強熱心な農家の子供がいました。後年、自然の法則と共に生き、愛情深く人と共に栄えることを考える一人の人間が活動していたのです。

（尊徳記念館にて、著者撮影）

金次郎は身長百八十センチ強、体重は九十四キロくらいあったということですから、今の日本人の中にあってもかなりの大男です。彼の肖像画を見ても、パワフルだなあ！　という空気がひしひしと伝わってきます。

二宮金次郎、のちの尊徳は一七八七年に生まれました。本書では親しみを込めて金次郎と呼ぶことにします。

私はコンサルティングの研修の場で「ビジ

ネスポエム」を活用しています。試行錯誤の末、メッセージは詩のように無駄を省き、言葉の密度を高め、徹底的にシンプル化した方が伝わりやすい、という結論に至ったためです。

本書もビジネスポエムとして表現しました。金次郎の言葉が、仕事も人生も強力にカイゼンするきっかけになると確信しています。

本書はどこからでも読み始めることができます。読者の問題意識に触れるところから自由自在にお読みください。全体は三つの構成からなっています。

Ⅰ金次郎の直言

金次郎の息吹、肉声を感じてください。二宮翁夜話、二宮先生語録、という金次郎の愛弟子が遺した言葉を中心にビジネスポエムにしています。

Ⅱ金次郎に教えてもらったこと

著者自身が「元祖カイゼン」から影響を受け、各企業のカイゼン活動で役立てている考え方を中心にしています。（№64、65、66、67は産経新聞「朝の詩」欄に掲載されたものです）

Ⅲ金次郎のカイゼンエピソード

金次郎の生きざまを具体的なエピソードで紹介します。著者もビジネスポエムにまとめるうちに、つい二百年ほど前にこんな素敵な日本人がいたのだと思いを新たにしたことでした。

２０１８年　春

松﨑俊道

Ⅰ　金次郎の直言

1　遠くを謀る者は富む

「遠《とおく》を謀る者は富み　近きを謀る者は貧す」

遠く将来を考える者は
百年のために松杉の苗を植える
ましてや春に植えて
秋に実るものはなおのこと
それゆえ　富む

近きを謀る者は
ただ眼前の利に迷う
蒔かずして取り　植えずして
刈り取ることのみ心を奪われる
それゆえ貧しい

蒔いて取り　植えて刈る者は
大海のごとき無量無限の
福徳に浴することができる

（二宮翁夜話47）

カイゼンは長期的視野に欠けている、と批判する人もいます。たしかに一つ一つのカイゼンは　見するとちっぽけなものです。右の金次郎の話に重ねると一つ一つの松や杉の苗のようなものです。カイゼンを馬鹿にしている人は、一つの松や杉の苗がいったい何になるのか？とじれったく感じているのかもしれません。でもね、これら小さなカイゼンの先の先を見つめてほしいのです。積み重ねた先になにがあるのかを眺望するのを忘れないでください。だから私たちは、いつも何のためのカイゼンか？と問い続けましょう。カイゼンの先には夢があるのです。だって夢のないカイゼンはむなしいではないですか。

2　天下の法

なぜ人はわが法を
迂遠というのであろう?

人はことを為すのに
その年限を自分の一代に比較し
その成功を自分の目で見たいと望む
だからわが法を迂遠だなどというのだ

天下の法を立てるには
よろしくこれを天下の
長久に比較すべきである

どうして自分の
短い一生に比較してよかろうか

「大きな夢と小さなカイゼン」というスローガンを作ったことがあります。一つ一つのカイゼンは小さなもの。こんなちっぽけなものが？と見えるようなことの繰り返しです。たとえば、こんな書類作成の工夫カイゼンをしてどうなることとか、と心が滅入ってくることもあるかもしれません。でもそれはカイゼンの行方を見つめていないからなのです。何のためにこのカイゼンをしているのか、と自問自答してみよう。小さな一つ一つが大いなるものにつながっているはずです。夢なきカイゼンは空しいのです。

（二宮先生語録179）

3　真理は大自然にあり

「音もなく香《か》もなく常に天地《あめつち》は
書かざる経をくりかへしつつ」

大自然はただ沈黙して
大原則に基づいて繰り返し動いている
日々くり返される天地の経文に
真理は示されている

よくよく目を開いて
天地の経文から学び
誠の道を尋ねるべきである

ゆえに私は書籍の上に
道を求める学者たちの

論説を取り入れない

（二宮翁夜話1）

金次郎ほど現場を重視した人はいません。人々を救済するべく農村をくまなく歩きまわりました。家ごとに訪問しては百姓たちの話をよく聞いたといいます。七十歳で死ぬ直前まで廻村と称して歩き続けました。カイゼンでは現場にもどれ、といいます。現場にこそすべての答えが埋まっているのです。

4　開国の術

ちなみに一反歩をひらき
その産米を一石としてみよう
それを全部食って譲らなければ
百年たってもその田はただの一反だ

だが九斗を食い
あとの一斗を譲って
年々掘り返していけばどうだろう？

譲るものを二斗　三斗と
多くするに従い
天下の荒地という荒地が
ひらきつくせるまでになるだろう
これが天照大神の開国の術にほかならない

太古には貨幣もなく
農具も備わっていなかったのに
譲道一つでちゃんと開けたのだ
今の世になんのむずかしいことがあろうか

（二宮先生語録3）

金次郎は「その日暮らし」を良しとする人心の荒んだ農村に分け入り、次々と救済していきました。まずは自らを救済できるようになったら、次に他の救済に及ぼす力をつける。そうして次から次へと他へ譲っていく…金次郎の思想のキーワード「推譲」（すいじょう）の完成です。

5　わが道は三つである

わが道は勤・倹・譲の三つにある

「勤」は衣食住となる物品を勤めて産出すること
「倹」は産出した物品をむやみに消費しないこと
「譲」はこれらを他におよぼすこと

譲には種々ある

今年の物を来年のために蓄えるのも譲なら
子孫・親戚・朋友に譲るのもある
郷里や国への譲もある
その身の分限によって行えば良い

この三つは一つも欠くことができない

勤＝まじめに働くこと。倹＝倹約すること。でもこれらはあくまでも個人的努力の範囲に過ぎません。「譲」に至って初めて社会的なベクトルを備えるに至るのです。譲とは利他の心であり行いです。この譲という思想がなければ金次郎は単なる優秀な篤農家で終わっていたことでしょう。譲こそ金次郎をすぐれた農政家、思想家へと飛躍させたキーワードなのです。

（二宮翁夜話続編43）

6　因果を忘れるな

善因には善果があり
悪因には悪果を結ぶことは
皆人の知る所だ

さて人々はみな
目前に萌し目前に現れるものには
恐れ　つつしむ

ところが如何せん
今日蒔く種の結果は
目前に萌さず　目前に現れず
十年　二十年　五十年後に現れる

それゆえ人々は迷い

長い時間の結果を恐れない
嘆かわしいことではないか
忘れてはならない
世の中の万物に原因のないものはなく
結果のないものはない　ということを
一国　一家
一身の興廃　禍福　みなそうだ

（二宮翁夜話119）

目には見えないカイゼンというものがあります。たとえば人の「善意」、またたとえば「おもてなし」などは目には見えないものですよね。金次郎の説く因果応報も目で確かめることはできません。おそらくこれから日本が世界へ発信していくカイゼンのもっとも大切なテーマは「心のカイゼン」です。世界的な課題（たとえばテロ、環境汚染など）を視野に入れると、なおさら私は目で見えないものへの思いを深めることがますます大切になると信じているのです。

7　とどまるところを知れ

「世人富貴を求めて止る事を知らざるは　凡俗の通病なり」

富貴を求めて
とどまるところを知らないのは
俗物の共通病だ

まさにそのために
富貴を長く保つことができない

とどまることをしないのは
山の頂上に登って
なお登ろうと欲するようなものだ

自分が絶頂にあってなお

下を見ないで
上ばかりを見るのは危ういではないか
上にあって自分の利益ばかりを求めるならば
下の者も利益をむさぼらないではいられない
上下互いに利を争ったならば
あくまで奪い取るようになる
これが禍の起こる原因だ

（二宮翁夜話80）

ベトナムのホーチミン市にカイゼンの普及に行きました（２０１６年）。この国は今、伸び盛りの真っ最中で、やがて人口も日本を越えるだろうと言われています。しかし一方、深刻な公害に悩まされています。海や川の汚染が連日ニュースに流れているのです。経済至上主義のために、かけがえのない貴重なものを犠牲にしているのではないでしょうか。とどまることのない成長のためにカイゼンはあるのではありません。経済至上という時代を経てきた日本の成熟したカイゼンのあり方を、今まさに伝えるべきなのです。

8　明日餓死するとも

世の人のつねで
明日は食べるものがない
というとき他に借りに行くとか
救いを乞うことだろう

だがいよいよとなると
釜も膳椀も洗わなくなるという

人情としてはもっともだが
この心こそ困窮の原因である

たとえ明日食べるものがなくとも
釜を洗い膳も椀も
洗い上げて餓死すべきだ

これは今日まで命をつないだ
恩があるからだ
恩の心のあるものは天意にかなう
それゆえ長く富が離れない

明日助かることを思うにつれて
昨日までの恩を忘れない
大切な道理である

（二宮翁夜話201）

この話、恐ろしいほどの迫力があります。食べ物がなくなるという餓死の恐怖は、今のほとんどの日本人にとってはありません。私も体験したことはない。いつも何らかの形で食べるものはありました。金次郎は明日餓死しようとも、食器を洗えといいます。それが恩を返すことだ、と。そういう心があるからこそ死ぬこともなくなるというのです。現代では考えられないほど死が身近にあった時代のすさまじい「生」のあり方が伝わってきます。

9　変通　変化適応せよ

変通《へんつう》とは　その場その時に応じて
自由自在に変化適応していくことだ

たとえば耕作の草取りは
草が少なくやりやすい畑から手入れして
草が最も多いところは最後にする

草が多く手重なところを第一にすれば
大いに手間取ってその間に
草のない畑もみな一面の草になってしまう
そしてどれも手遅れになるだろう

また　山林を開拓するには
大きな木の根はそのままにして

まわりを切り開くがよい
三、四年もたてば木の根は
自然と朽ちて力を入れないで取れるものだ

また村を復興しようというとき
必ず反抗するものがあるが
決してかかわってはならず
さわってはならない
気にせずに勤めに励むべきだ

（二宮翁夜話28）

カイゼン活動を導入した当初は、カイゼンするのをためらう人も多いものです。カイゼンを何か難しいものと考えているのです。聞いてみると自分のカイゼンなんて大したことない、きっと他にカイゼンの正解があって、自分のカイゼンは的外れなもののはずと決め込んでいるのです。まずはこの誤解、曲解を解かねばなりません。私は、良かれと願ってやったことすべてをカイゼンと呼んでいます。中には結果的にカイアクになってしまうのもあるかもしれません。構うことはない、私はそれすらもカイゼンと呼んでいるのです。人間は試行錯誤する動物です。仮にカイアクになってしまえば、あともう一押し、二押しのカイゼンをすればいいだけなのです。

10　目的を持て

ある学者が江戸にきて
天地の功徳などを講じた
その人物は弁舌さわやかで飾りもなく
立ち居振る舞いも静かで
実にすぐれた人物と言える

だがこれくらいのことでは中途半端で
一村一家を興すことはできまい

なぜならその説くところに目的がなく
もっぱら倹約を尊んで
やみくもに倹約せよと言っている
それではなんの面白いこともなく
国家のためにならない

私が倹約を尊ぶのは
用いるところがあるからだ
住居を簡素にし　衣服を悪くし
飲食を粗末にするのは
資本を作り　国家を富有にし
万人を救済するためだ

かれが目的もなく
到達するところもなく
ただ倹約せよというのとは大いに違う

（二宮翁夜話46）

カイゼンは小さな工夫です。しかし、小さな工夫を積み重ねる、ただそれだけのことであれば誰でも嫌になってしまうことでしょう。なんのためのカイゼンなのか？その目的意識なきカイゼンはむなしい。工夫のための工夫に陥ってはなりません。私はカイゼン活動の現場では「大きな夢と小さなカイゼン」と提唱しています。夢なきカイゼンはむなしいのです。

11　まずリーダーからカイゼンせよ

衰えた村の貧民は終日
ぶらぶらとなまけて暮らし
金を借りては酒食に費やす

ぐちをこぼしては
できないようなことばかりを望んでいる
だから一生その望みがかなわず
ついに困窮流浪する

村民を治めるものは名主だが
めぐむという道を知らず
ぜいたくを誇っているうちに
ついに家も身も滅ぼすようになる

もしも名主が分度（注）を守り
節倹につとめ　余財を貧民にめぐむなら
貧民も怠惰を改め　名主を父母のように
親しみ秩序も保たれる

これは一村のことだけではない
一国を治める理なのだ

（二宮先生語録52）

（注）おわりに233ページを参照のこと。

名主とは当時、伝来の資産と名望を有する家柄が世襲したとあります。名主は従って村民のうちのリーダー格と言えます。そのリーダーの資質を金次郎は問うているのです。今よりももっと良くしていこう！という気風やマインドを盛り上げるカイゼン活動もまったく同様です。カイゼンマインドの浸透のポイントは、まずはリーダー社員の意識を徹底的に高めることに尽きます。言葉は乱暴ですが私はこれを「燃えてるやつをより燃やせ」とも言っています。新しく火を熾すときにそうするように、燃えやすいものから燃やしていくのが全体を燃やすための黄金律なのです。

12　人が嫌うものを引き受けよ

人情とは
清浄を好んで不浄を嫌う
だから人が死ねば不浄として
これを忌み遠ざける
仏教家はこれを引き受けて救済する

昔、江戸に大火があり十万八千人が焼け死んだ
そこで一つの寺を建立してこれを弔った
また小塚原の刑場で
刑死者が千人になったときも同様にした

人の嫌う事柄を好むというだけのことで
仏法はますます盛んになってきた

わが法もこれに似たところがある
荒地や借財は人の嫌うものだ
私はこれを引き受けて
荒地を開きその借財を償還してやる
難儀を逃れようとしても
逃れられなかった場合に
その難儀を救済してやるのである

（二宮先生語録250）

カイゼン活動を進めていると、現場から「カイゼンのネタがありません」という声を聞くときがあります。しかしカイゼンは、さあカイゼンしようと現場を見渡してもなかなかできるものではないのです。私はそういう時「困ったことリスト」を作るよう導きます。なにか困ったことをリストアップしてみるのです。不思議なことに沢山の項目が挙がってくるもの。するとそのリストに挙がった項目すべてがカイゼンのネタなのだ、ということになります。

13　良い者をほめよ

村里の復興は
精を出す人をとり挙げ
賞誉することにある

それは沃土は必ず
低く窪んだ所にあって
掘り出さねばならぬのと
同じようだ

善人を賞誉するには
村民による投票で行うのがよい

が　善人ほど退いて
引きこもる癖がある

彼らをつとめて引き出さなければならない

（二宮翁夜話43）

日本の各社でカイゼン活動を推進していて思うことがあります。「私のこのカイゼンなんて人前に出すのは恥ずかしい」と提出するのを躊躇する人がとても多いのです。良く言えば謙遜の美徳。悪く言えば消極的で自分に自信がない。金次郎が「善人ほど退いて引きこもる癖がある」と指摘していますが、現場に行くと、日本人のこの特徴がまだ色濃く残っているのがわかります。良いものは良いとして、表彰するなどしてどんどん引き上げていく。すると人の集団もそれに引っ張られるようにして元気になっていきます。

14　積小為大～その1～

「およそ小人の常　大なる事を欲して
小さなる事を怠り　出来難き事を憂ひて
出来易き事を勤めず」

大事をなそうと願うのであれば
小さなことを怠らず勤めよう
小が積もって大になるのだ

だがふつうの人は
大きなことを欲しながらも
小さなことを怠る
なかなか思う通りにいかないことを心配して
すぐにできることをしない

千里の道も一歩ずつ歩んで至る
小さいことをゆるがせにする者は
大きなことは必ずできないものだ

（二宮翁夜話14）

小を積む大切さは誰にでもわかります。しかし肝心なのは小を積んで、どのような「大」をめざすかです。大へのビジョンがなければとても日々小さなことを積み重ねる気力も湧いてこないものではないでしょうか。でも一方で先が見えないながらも、やむなく小を重ねていくしかない、といった状況もあります。私の学生時代、当時の西ドイツに暮らしていた時がそうでした。ドイツ語がわからない！だから毎日メモを持ってまわりの人々に聞いて回りました。これはどう言うの？あれは何？というように…。新しい言葉という小さな石を積んでいったのです。それでも三か月たてば日常生活の不便は感じなくなっていました。不思議な体験でした。

15　積小為大〜その2〜

国中の田は広大無辺で数かぎりもない

しかしその田地は
一鍬ずつ耕し
一株ずつ植え
一株ずつ刈り取るもの

田地一反（注）を耕す鍬の数は三万回以上だ
田地一反の稲の株数は一万五千内外だ

一升の米粒の数は六万四千八百余
それを白米にするには
千五六百回以上杵を打たねばならない

さてさてその手数は大変なものではないか
小さなことを勤めなければ
ならないことがよくわかるではないか

（二宮翁夜話続45）

（注）一反は約九百九十㎡

金次郎は数字に明るいことでも知られていました。小田原藩家老の服部家の立て直しに招かれたとき、使用人の金を集めて運用した話も有名です。困っている人には無利子で金を貸しました。鍋の煤を払えば火の通りが良くなって、金額にしてどれくらい薪が倹約できるかも教えたといいます。それにしても一升の米粒の数まで数え上げていたとは！金次郎の視野には小さきもの（カイゼン）が大きなるもの（カイカク）へと飛躍していく姿が誰よりも見えていたのでしょう。

16　大をうらやまず　小を恥じず

「昔まく木《こ》の実大木《おおき》となりにけり
今まく木の実後の大木ぞ」

浦賀港で米を数えるには
大船で一艘　二艘という
蔵前では三蔵《くら》　四蔵という

米の一俵や二俵は数にも
入らないように見える
だがその米粒が大きいわけではない
通常の米に変わりない

一握りの米もその数は
無量といってもいいのだ

大をうらやまず　小を恥じず
速成を欲せず　日夜怠らず
勤めることが大切なのだ

（二宮翁夜話１６３）

カイゼンはカイカクではありません。カイゼンはあくまでも小さな変化をさすのです。ちょっとした工夫のことをカイゼンといいます。世界で有名になったのはカイカクではなくＫＡＩＺＥＮの方なのです。日本ではカイゼンは従業員の仕事と限定していません。社長もまたその立場で小さな変化（＝カイゼン）を実践していくのです。海外ではカイゼンを continuous improvement（継続的改良）と訳します。この継続的とは会社のトップを含む全従業員がなすべき「小さな変化」なのです。

17　耕すのは一鍬ずつ

土地を耕すには
一度に一鍬ずつ掘り起こす

いくら力のある人でも
一度に二鍬ずつ掘り起こす
ことはできない
もし無理にそんなことをしようとすれば
農具をこわし体も傷つけてしまう

大昔から土地の良し悪し
耕しかたの早い遅いはあっても
一鍬一鍬掘り起こして段々に進むという
限度を超すことはできない

このようにして天下の田地は
ことごとく耕し尽くすことができるのだ

（二宮先生語録108）

歩くのは一歩ずつ

人が道を歩くのは
必ず一歩ずつより始めて両足を
互い違いに動かすより方法はない

いくら道を急いでも
両足を同時にあげれば転んでしまう
転ぶばかりではなく
手足をくじいてしまうこともある

人類が生じて以来

まだ二歩ずつ一度に歩いた者はいない
健脚と足弱の違いはあっても
一歩ずつ互い違いに進むことに違いはない

こうして一歩ずつ進んでいきさえすれば
足弱の者でも万里の遠方まで
きっと行きつくことができるのだ

（二宮先生語録１０９）

カイゼンには革命思想がないと言われます。カイゼンは地味で辛気臭く華がない、という人もいます。しかし前項でも触れた通り、海外で知られているのはKAIZENでありカイカクではありません。カイゼンとはまさに金次郎の言う一歩一歩の積み重ねなのです。だからカイゼンは日本的かつ農耕民族的な努力文化ともいえます。日々田畑を手入れし、日々細かい作業を積み重ねて、ようやく実りを収穫する。一方、一挙にモノゴトを変えていくイノベーション（カイカク）は、狩猟民族的です。私は日本の得意としてのカイゼンをもっと意識して、もっと自信を持って海外に知らしめるべき、と信じているのです。

18　茶碗の米粒

立夏のころ
米粒を茶碗に盛り
戸棚の隅に置いておくと
自然とかさが増えて
溢れるものだ

これは天地の発生の気に感じて
一粒一粒に
生えようとする生気が
満ちてくるからだ

立秋になると
それが自然に減ってしまう
一粒一粒から生えようとする

生気が消え失せる
私の救済の方法は
村に「分度」を立てるにある
分度は生えようとする
茶碗の米粒に似ている
分度あればこそ民心が感激し
農事に努めるようになる

（二宮先生語録14）

茶碗の中の米粒の容積が増えることを初めて知りました。それも立夏のころといいます。小さな命がひしめき合って伸びよう伸びようとしているようです。ましてや人の集団ともなればなおさらのこと。一社を巻き込んで始めるカイゼン活動にも同じことが言えるようです。気運が盛り上がったときに一気に導入することが肝心。まずはトップ自らがカイゼンの旗を振らなければならないのです。

19　卑近を尊ぶ

私の道は平地　農村の
ひなびたところにある
愛すべき風景もなく
雲水の楽しむようなものもない

しかしすべての穀類が
湧きいずるところで
国家の富の源はここにある

仏家の教えは
浜の真砂のように清浄だが
私の方は泥沼のようだ
しかし蓮の花は浜砂に生ぜず
汚れた泥土に生ずる

大名の城の立派なのも
市民が繁栄するのも
源は村落にある
まことの道は卑近にあって
高遠にないのである

（二宮翁夜話230）

カイゼンには大衆受けするような派手さはありません。人々を驚かせるような演出やパフォーマンスとも無縁です。カイゼンの本領は金次郎の言う「ひなびたところ」にあります。そこにはあらゆる基本的なるものが、すでに埋まっているのです。カイゼンは日常であり卑近そのもの。カイゼンは地味でいいのです。地味がいいのです。

20　一言でわかる

その人の一言を聞いて
勤勉か怠惰かどうかが
わかるものだ

たとえば…

「江戸では水さえも銭がかかる」
とは怠惰な者の言うことだ
だが
「江戸では水を売っても銭が取れる」
と言えば勉強する人間の一言だ
夜はまだ九時なのに
「もう十時に近い」は

寝たがる者の言うことだ
すべての事においても
下に目をつけて
下に比較する者は怠惰者だ

（二宮翁夜話31）

ときおり私はカイゼンの研修が終了する時に「これからどうカイゼンしていきますか？」と参加した人たちに聞きます。「それを一言で表現してみてくれませんか」と。研修後の決意や目標を一言に凝縮してもらうのだ。この一言集約が結局その人を動かすようになります。人は言葉によって変化するのです。まして や日本は、言霊の国だからなおさらです。ある日、Eさんは研修後の一言集約で「他力」と書きました。理由を聞くと、もっと人の力を借りてチームワークを心がけていきたい、と。自らを動かす言葉はほんとうにいろいろなのです。

21　毎日を充実させよ

「今日けふを暮るると知りて眠る身の
明くる日ごとに楽しかるらん」

きょうも暮れた
きょうの一切の仕事をなし終えた
夜には心地よい眠りがやってくる
その毎日ほど楽しいものはない

（二宮金次郎道歌選）

時間の使い方のカイゼンは大切なテーマです。時間こそ誰にでも平等に与えられた、しかも有限な資源です。日々が充実するとは時間のカイゼンが見事であることに他なりません。その鍵は時間の密度です。だらだらしない、メリハリをつける、やるときはやる、休むときは休む、というように。金次郎も農民が成果を示したときは、一緒に酒を飲みました。歌にあるように、今日やるべきことをなし、夜はぐっすり眠るしあわせ。時間のカイゼンの極みですね。

22　野ぐそにも陰徳があるぞ

野原に野ぐそをしてみよう
すると
ヨモギが肥えてよく茂る

ヨモギは霜が降れば枯れ
野分が吹けば
落ち葉が枯茎に集まり
野火にあって灰となり
しぐれにあってうるおい…

次の年の春
また大きなヨモギが生えてくる

これはほかでもない

野ぐその陰徳によるものだ
ひそかな善行を陰徳という
人の貧富にも通じることだ
陰徳を積む者には財貨が集まる
そうしない者には
必ず財貨が散り去って貧乏する

（二宮先生語録137）

陰徳とは人に知られずひそかにする良い行いのことです。そして「野ぐそ」とは野外で大きい方の用を足すこと。それにしても、野ぐそが陰徳とは！野人金次郎らしい発言です。私はかえってこういう発言に親しみを感じます。

23　貧と富の決定的な差

「富者は明日の為に今日勤め
来年の為に今年勤め、安楽自在にして
成す事成就せずという事なし」

貧と富とはもともと
遠く隔たっているものではない
ただ少しの心がけの隔たりだ

貧者は
今日飲む酒がなければ借りて飲み
今日食う米がないときは
また借りて食う
これが貧する原因である

貧者が
今日働いているのは昨日のため
今年働いているのは昨年のため
それゆえ終身苦しむ

いっぽう富者は
明日のために今日勤め
来年のために今年勤める

（二宮翁夜話127）

明日のために準備をしよう、と金次郎は言いたいのです。過去の負債に追われるな、未来への蓄積を心がけよ、と。その場しのぎは人心を腐敗させ、明日を忘れ、刹那に生きるようになります。現に金次郎が救済に入る前の村々は、まず例外なく田畑は荒れ雑草がはびこり、男女も酒に明け暮れ博打にふけっていたといいます。

24　貧乏神を退散させる法

ある村を巡回していたときのこと
怠け者がいて
自分の家の掃除をしない者がいた

私はその者に語った
「このような不潔を続けるならば
お前の家は貧乏神のすみかになってしまう

まず庭の草を取り家の中を掃除しなさい
貧乏神や疫病神に入られないようにすることだ
家に汚物があればくそ蠅も集まることだろう
庭に草があれば蛇が喜んで住みつくだろう

肉が腐って蛆がわき

水が腐ってボウフラが生じる
心身が穢れて罪や咎が生じるように
家が汚れれば病気が起こる
恐ろしいことではないか」

（二宮翁夜話48）

某社の社長がトヨタの工場を見学してびっくり仰天しました。「トヨタにはモノを探している人がいない！」カイゼン同様に5Sという言葉も世界に浸透しています。5Sの初めに来る「整理」の定義は「いるものといらないものを分ける」です。いるものいらないものが混在しているから様々な無駄の温床となるのです。金次郎は後の世の5Sの本質を見通していたに違いありません。

25　財を散らすな

国や家が窮乏に陥るのは
その財を散らしてしまうからだ

それは人が寒さに苦しむのは
全身の温かみを
散らしてしまうのと似ている

着物を重ねて着れば
すぐに温かくなる
着物が温かいのではない
全身の温かみを散らさないからだ
もし着物が温かいのなら
質屋の蔵からは
火事が出どおしのはずだ

「分度」と国や家との関係は
この着物のようなもの
体内の熱を散らさないように
その内の財を散らさなければ良い

だからこそ分度を立てる
盛衰、貧富、豊凶を平均し
中正で自然の数に基づいて
分度を立てるのだ

（二宮先生語録7）

金次郎の話の面白さは「たとえ話」の面白さでもあります。一国一村　家の財を蓄積していくたとえに人の体温を引き合いに出す。人の体はおのずから体温を発するように、国や村、家々にも自然に備わった財を生み出す力があると言います。それを分散させるな！というのです。金次郎のたとえ話には不思議な説得力を感じます。

26　心の不毛を開け

幕府から日光の地の
開拓の命が下り
弟子たちはそろって
お祝いを述べにやってきた

しかし私は喜ばなかった
私の本願は心の田の荒蕪を開拓して
心の善種を育て収穫するにある

善種を蒔き返し蒔き返しして
国家に善種を蒔き広めることにある

このたびの命は
土地の不毛の開拓であるから

私の本当の願いとは違う
「ご本意に背いた命令ではありますが
命であれば余儀ないこと
及ばずながら私どもも
お手伝い申し上げましょう」
というなら喜びもしよう

心の不毛を一人が開けば
土地の不毛は何万町あっても
心配には及ばないのだ

（二宮翁夜話59）

私も長年カイゼン活動の普及に注力してきましたが、その最終的な目的はカイゼンマインドの定着です。「もっと良くしよう！」という魂がそこに根付けばあとは時間が解決してくれるのです。

27　不動心を持て

「あなたは不動尊を信じるのか」
とある人が聞いた
床のかたわらに不動尊
の像をかけていたからだ

私は小田原侯の命を受けて
救済の仕事をしてきた

土地は荒れ　人々は離散していたが
成功するかどうかにかかわらず
生涯ここを動かない　と決意した

不動尊は「動かざれば尊し」と読む
妻子にもその心のほどを示した

不動尊にどんな功徳があるか知らないが
私が今日に至ったのは
不動心の堅固　この一つにある
今日も像を掛けて妻子に
私の気持ちを示しているのである

（二宮翁夜話50）

金次郎は不動尊の像を自らの堅固な心の鏡としたが、現代人はもっとスマートであっても良いのではないでしょうか。私はカイゼン活動を進めるに当たり「忘れない工夫」を提唱しています。まずカイゼンの到達地点を具体的に定める。それは数値であったり、絵やイラストのようなイメージで表現します。それをスマホやコンピュータの待ち受け画面に貼り付けるのです。そして日常眺める。ことあるごとに自らのめざすところを忘れないようにするためです。金次郎も床のかたわらの不動尊を見つめるたびに決意を新たにしたはずなのです。

28　長ずるところを友とせよ

「人の長ずるところを友として
短なるところを友とすることなかれ」

人にはそれぞれ
長所もあるし短所もある
それは免れ得ないことだ

されば
その人の長所を友として
その人の短所を友としないことだ
たとえば特別何もできなくとも
文字を書くのがうまい人もいる

世間にうとい学者がいるかと思えば
無学でも世の中のことに賢い人
だっているではないか

文字は書けなくても
農業に詳しい人だっている

みんな長所を友として
短所を友としないことだ

（二宮翁夜話続編41）

人間関係のカイゼンは泥臭いもの。生身の人間どうしのことだからきれいごとではすまされません。苦手で嫌だなあ、という相手であっても仕事となれば毎日顔を合わせなければならないのです。人には感情があり、好き嫌いはついて回ります。私事ですが、私の妻はおおざっぱです。細かい整理やかたづけは得意な方ではない。その短所を気にすれば腹が立つ。さてそこで金次郎の言うようにあえて「長ずるところ」を意識してみます。すると彼女は小さな事を気にしない、おおらかな性格であることにあらためて感心させられます。人の長ずるところを見つめた方が人間関係はうまくいくのではないでしょうか。たとえば…短気な人とは裏返せば情熱的な人のこと。仕事が遅い、は仕事にていねいだとすることもできます。そして何よりも人はその長所を伸ばす方がずっと生き生きとするのです。

29　己を取り去れ

「世界は広し故に心をば広く持つべし」

心が狭く縮こまっていては
真の道理を見ることはできない
世界は広いのだから
心も広く持たなければならない

だがいくら世界は広くとも
「己」や「我」という私物を
真ん中に置けば、広い世界も
見える所が半分になってしまう

己というもので半分を見れば
借りたるものは返さぬ方が都合よく

盗みはもっとも都合よくなる

己を取り捨て広く見れば
借りたものは返し　盗みは悪事という
道理が見えてくる

己という私物を取り去る心の工夫をしよう！

己を取り捨てると
すべて不生不滅　不増不減という
真理もはっきりと見えてくる

己を中心に置いてしまうから
得失　損益　増減　生滅などの境界が
目の前に現れてきてしまうのだ

（二宮翁夜話続編42）

中堅会社の某部長がある日思いついて、企画会議を新設しました。これが下の者たちにとって大変な負担を強いることになったのです。（従来の営業会議を見直すだけでいいのではないか）というのが部下たちの本音でした。結局企画会議は三回実施しただけで取りやめとなりました。現場の意見を聞くと「あれは部長のエゴで作ったものではじめから長続きしないと思っていた」。私心から発したカイゼンはやはり長続きしないのです。

30　大欲を抱け

「大欲とは人心に大福集めんことを欲するなり」

世の中の人々は
聖人とは無欲な人だろうと
思っているが
それは間違いである

実際は大欲である
大きく正しい欲である
学問とは小欲を正大に導く術をいう

大欲は万人の衣食住を充足させ
人々に大きな幸福を
集めることを願う欲だ

その目標は国を開き治め
大衆を救済するにある

（二宮翁夜話217）

どんなに地味でちっぽけなカイゼンでも、その目標としているところを知れば気持ちも大きくなります。めざすところを凝視しながらカイゼンするのです。カイゼンが深まってくると、次第に自分のためのカイゼンから、人のためのカイゼンへと展開していくものです。幸田露伴は「努力論」の中で、人の最も尊い行為は「植福」（しょくふく）にあるとしました。植福とは自分の力や情、知恵を使って世の中に幸福をもたらすことをいいます。金次郎の言う大欲のことです。

31　人心を一新せよ

たとえば今ここに
百戸の村があるとしよう

四十戸は衣食不足なく
六十戸が窮乏なれば
一村は貧しいことを恥とせず

租税を納めざるを恥とせず
借財を返さざるを恥とせず
勤めを怠るのも恥としない

また百戸のうち
六十戸に衣食に不足がなく
四十戸が貧窮なるとき

自ずから恥を知るだろう
租税を納めざるを恥とし
借財を返さざるを恥とし
勤めを怠るのを恥とする

人心とは
秤の釣り合いの如し
左が重ければ左に傾き
右が重ければ右に傾く

村内に貧多きときは貧に傾き
村内に悪多きときは悪に傾く
互いに恥がないからだ

一方　富多きときは富に傾き

善多きときは善に傾く
互いに恥があり
正義心が生じるからだ
汚俗を一洗し一村を興復する
唯一の機はここにある

（二宮翁夜話39）

かつて私は「社風に新風！」というスローガンを作ったことがあります。もっと良くしていこう、という空気はいかにして醸成されるのか？新しい風はいかにして起こし得るのか？金次郎は人の心とはハカリのつり合いのようなものだ、といいます。私はそこでリーダー研修を徹底しました。燃えてるやつをより燃やせ、の原則でいくのです。新しい風は、少数だが燃えている人たちから吹き上がってくるものなのです。

32　災害に備えよ

人の世の災害で
凶年ほどひどいものはない
昔から六十年間に必ず一度はある
と言い伝えられている

飢饉だけではない
大洪水も大風も大地震も
六十年に一度くらいは必ずあるという

たとえ無いまでも
必ずあるものと決めて
有志の者は金穀を貯蓄すべきだ

（二宮翁夜話１９４）

金次郎は想像力に優れた人でした。夏に茄子を食べ、それが秋茄子の味がしたとして大飢饉を予告、すぐに農民に稗や粟を植えさせ、何万人もの人々を飢餓から救った話も有名です。人災については現在、ハインリヒの法則が知られています。一つの重大事故の背後には二十九の軽微な事故があり、そのまた背後には三百の異常が存在すると言います。つまり大きな事故を防ぐには、この三百ものヒヤリとしたりハッとしたことをどうカイゼンしていくかにかかっているのです。想像力なくしてカイゼンなし。危険を想像できるからこそ小さなカイゼンに意味が生じるのです。

33　思いやり

わが道は
思いやりを肝要とする
貧民の心を思いやって
米や農具を与え
馬小屋や便所を建ててやる

これは一見
ことごとく無用のようだが
貧民にしてみれば
生き死ににかかわることだ

私が無利息で金を貸すのも
貸主にしてみれば
なんの益もなく無用に見える

だが貧民がこれを得れば
安らかにその家を保つことができる
有用も有用なのだ

（二宮先生語録28）

いったい何のためのカイゼンなのでしょうか？このエピソードで金次郎は、人を愛するが故のカイゼンと教えてくれているようです。カイゼンには二種類あります。冷たいカイゼンと温かいカイゼンです。いくら仕事がうまく進み効率化がどんどん図られたとしても、その結果会社が冷たくなってしまっては元も子もありません。人間らしい体温の感じられるカイゼンこそ称賛されるべきです。カイゼンの底に「愛」がなければ会社も永続するものではありません。

34　批判を振り払え

「変ありてこれを補うこと
あたはざれば　大変に至る」

私の教えは倹約ばかりだ
と批判する者がいる
が　私の教えは倹約が目的ではない
変に備えるためである

私の教えは蓄財ばかりを
勧めるという者もいる
が　蓄財ばかりに勤めているのではない
世を救い世を開くのが目的だ

古語に
「三年の貯えがなければ国にあらず」
という
すべてのことで余裕がなければ
家も国も保つことはできないのである

（二宮翁夜話13）

カイゼン活動にも批判はあります。いわくカイゼンしても物事は根本的には解決しないとか、小さいことに拘泥するから革命的な変化が起こせないのだとか。日本的カイゼンを真っ向から否定する著名な評論家さえいます。その批判のわけは表面からのみしかカイゼンをとらえていないからです。カイゼンは小を積んで大を為す行為。批判は小を積むその部分しかみていないのです。私からすれば小すらできなくて大を語るなと言いたいのです。

35　実行なき読書に意味なし

私には幼いときから
行わなければならないことが沢山あった

水も汲まねばならぬ
庭も掃かねばならぬ
灯りもつけねばならぬ

私は孤児となり親類に寄食し
昼夜ひどく使われて
少しも余力というものがなかった

それでも昼の弁当を使うとき
人は湯を沸かしてお茶を入れたが
私は冷や飯に水をかけてその暇に本を読んだ

あるときは柴刈りの道で読誦し
あるときは人が寝静まってから
気づかれぬようそっと読書した

学者は千万巻をあさり読んでいるが
どうやってそれを実行するつもりだろう？
行わなければ読まないのと同じではないか

（二宮先生語録79）

金次郎にとっての読書とはすべて、より良く生きるための読書でした。金次郎は頭でっかちを嫌っていました。知識ばかりが肥大で行動を伴わない人を毛嫌いしたのです。ところでカイゼンの喜びとは一工夫の喜びであり、少しずつでも良くなることの喜びです。目の前の問題に対して、どうすればカイゼンできるだろう？と考え知恵をひねり出すのは、実行を前提にしているからに他ありません。私が口癖にしている言葉に「楽しくなければカイゼンではない」があります。カイゼンの何が楽しいって、もっと良くなる楽しさ。実行とは楽しいものなのです。

36　書物は水の如し

世の真理も
字に書いた書物のままであったなら
世の中を潤すことも用に立つこともない

たとえれば水が氷になったようなものだ
もとは水であるに違いないが
少しも潤さず水の用を足さない

氷となってしまった書を
世の中の用に立てるには
心の温かさでよく解かし
もとの水として用いるべきであろう

心の温かさを忘れて

氷のままで用いて水の用となすのは
愚かの至りである
世の学者諸氏が
用に立たないのはそのためである
それゆえわが教えは実行を尊ぶ

（二宮翁夜話62）

金次郎は卑近なものをたとえにする名人です。心の温かさで氷から水へ、とはわかりやすくかつ楽しい表現です。話のしかたも同じですね。難しいことをどうやさしくわかりやすく伝えるか…。難しいことを難しいまま語るのは冷たい氷をそのまま相手に渡すこと。私もよくカイゼンの講演会や研修に駆り出されますが、なるべく「水」として相手に使ってもらえるよう心がけます。本当に役立ち実際に行動に移してもらって初めて役立った！と言えるのです。

37　独善を排せよ

「ちうちうと嘆き苦しむ声きけば
ねずみの地獄ねこの極楽」
猫につかまったねずみは
ちゅうちゅうと断末魔の苦しみである
いっぽう　ねこの方は
ひとときの餌を得て
幸福の絶頂にいる

（二宮金次郎道歌選）

一方は嬉しいが一方は悲しい…金次郎はこれを片楽と呼んでいます。両者とも嬉しい関係を全楽としています。今でいうウィンウィンの関係。せっかくカイゼンしたのにそんなのカイアクだよ、と言われてしまうこともあります。たとえば事務の工程を一つ減らすことによって本人にとっては楽になったが他の人にとっては不便になった、など。それでは長続きするカイゼンではありません。独善であり「片楽」です。一方にとっての快が他方にとっての不快では、金次郎の謳うねことねずみのようなものです。ではどうすれば良いのでしょうか？カイゼンの普及者として私が声を大にして伝えたいことがあります。それはカイゼン活動とはすなわちコミュニケーション活動なのであるということです。他とのコミュニケーションをよく図りながらカイゼンを進めるのです。

38　貯えだけが能ではない

村里の復興を図るには
米や金を蔵に貯えることを
第一義としない

米や金を村里のために
消費することに集中する

米や金の使い方の上手下手で
復興が早くもなれば遅くもなる

凶年に備えて貯蓄をしておくのは
復興が完成したときのことである

急を要することを先にし

村里のために利益の多いことに着手するのである

（二宮翁夜話35）

あるとき飢饉で人々の救済に一刻を争うようなことがありました。金次郎はすぐに小田原の殿様の命を受け現場に駆けつけました。金次郎はただちに備蓄米を解放しようとしたのですが、役人たちは正式の指示がないため米蔵を開くのを拒否しました。「いま何万人の人々が飢えに苦しんでいるではないか。正式な命が届くまで数日を要するというのなら私は食を断ちましょう。あなた方もそれまで断食してください」金次郎のすさまじい迫力で役人たちは蔵を解放したといいます。貯えは人々を救うためにある…金次郎の思想をよく示していますす。私はこのエピソードによって自戒しています。カイゼンとは何のためにあるのか？カイゼンのためのカイゼンに堕してはいないだろうか？と。

39　多弁の人へ

私の弟子に多弁の癖のある人がいた
彼が暇《いとま》を乞うて国に帰る時
「国では決して人に説くことは
してはならない」と諭した

人に説かず自分の心で
自分に意見しなさい　と

寝ても覚めても
座しても歩いていても
油断なく自分に意見する

もしあなたが酒好きだったら

多く飲むのをやめるよう
自らに意見する

これは無上の工夫である
この工夫を積んで自分の身が修まり
家が復興したなら
周りもあなたの言うことを聞くだろう

（二宮翁夜話37）

カイゼン活動を成功させるには、まずトップがカイゼンを好きになることです。カイゼンを愛するのです。カイゼンを語るが自分からはカイゼンをしない、では人はついてくるはずもありません。これはけっして難しいことではなく、自分のできる範囲の工夫をすれば良いのです。組織のトップや幹部クラスであれば、判断業務や意思決定のカイゼンが多くなります。知り合いのF社長は、会社を左右する大きな決断の前は一人でホテルに泊まって外部の情報を遮断し、しばし静かな時間を確保する、といいます。これも立派なカイゼンです。自ら創意工夫するのが大事。掛け声だけでは人々は動かないのです。

40　覚悟

「かりの身をもとのあるじに貸し渡し
民安かれと願うこの身ぞ」

たとえば蝋燭がここに
大中小とあるとしよう
大きな蝋燭でも火をつければ
四時間か五時間に過ぎない

人の身も蝋燭と同じだ
若死にといい　長生きといっても
大した差ではない

然れば人と生まれたるうえは
必ず死ぬものと覚悟するとき

一日生きれば一日の儲け
一年生きれば一年の得だ

本来わが身もなきもの
わが家もなきものと覚悟すれば
百事百般みな儲けである

人とはわが身ではない　かりの身なのだ

そう思えば一人でも一村だけでも
その安穏に勤め怠らぬのが
わがこの身でありわが覚悟である

（二宮翁夜話10）

人は腹を決め、覚悟が定まると信じられないような力を発揮するものです。私の親友S君は柔道家。四十年前単身でカナダに渡り、バンクーバーに柔道場を開きました。はじめは英語もわかりません。彼は日本では有名な選手でもなかったし助けてくれる仲間もいません。しかしこのカナダの地で生きていこうと覚悟していました。良き出会いがあってカナダ人と結婚もしました。たまに日本に帰ったときには、私は必ず彼と会って杯を傾けています。今では常時二百人が稽古するカナダでも五本の指に入る有数の柔道場になりました。S君と会うたびに人の覚悟の力を思うのです。

Ⅱ　金次郎に教えてもらったこと

41 KAIZEN MIND

少しだけ変える
少しだけ変わる

私たち日本人には
遠い祖先から脈々と
カイゼン・マインドが
受け継がれている

あなたの抱えるその問題も
今すぐカイゼンに取りかかろう

少しだけ変えると
少しでも変わるのだから

今や世界語となったＫＡＩＺＥＮに
私たちは誇りを持とう

カイゼン・マインドとは
今よりも絶対に良くしてやろうという
気骨だ　覚悟だ

そして
カイゼン・マインドを持つ人々の
本当のよろこびは
小さなことが
大きなことに化けるのを
目の当たりにすることだ

金次郎は心の不毛を一人でも開けば、土地の不毛がいくら広がっていても心配には及ばない、と言い切りました。現に荒地の広がっていた村では、まず人々の心が荒れていました。賭博に興じ昼間も酔っぱらい、やけっぱちの生活であったといいます。

42　いい仕事　いい人生

カイゼンは何のため？
と問われれば　私は迷わず
「いい仕事　いい人生」のため
と答えるだろう

いい仕事は
いい人生が支えてくれるよ
いい人生は
いい仕事が叶えてくれるよ

職場のコミュニケーションが
大事と言うけれど
でも　その根っこは

家庭のコミュニケーションと
変わることはない

おはよう！の挨拶が
職場で言えても
家庭で言わないのはなんかおかしい

仕事には目標が
不可欠なのと同じように
人生に目標がある人って輝いているよ

だから今日も
いい仕事　いい人生めざして
こつこつカイゼンしようよ

カイゼンと聞くだけで、それは仕事のことだろうと思い込んでしまう人がいます。「カイゼンは会社の効率化であったり整理整頓のことでしょう?」と。そんな風に決めつけちゃうことほどもったいないことはありません。カイゼンは(もっと良くしていくための工夫)ですから、万事に適応できるのです。

43　良くなることを信じる

カイゼンは今よりも
もっと良くなることを
信じていなければ
とてもやってられないよ

カイゼンは地味なんだ
パーッとしたカッコよさは
期待しない方がいいよ

それでも僕たちは
もっと良くなる方向に向かって
ちょっとずつ
ちょっとずつ
進んで行かなくっちゃいけない

だからほら　初めに
きっと良くなる！と
信じていないと
とてもやってられないんだよ

まずは信じて行動する
そしてね　行動して初めて
だんだんわかってくる…
そういうものなんだ

九十歳を過ぎた母が骨折のため病院入院しました。手術そしてリハビリ。そこで気づいたこと、それは「リハビリ病棟ってなんて明るいんだろう」ですね。老若男女の患者、そのリハビリをサポートするスタッフたち。話し声、笑顔であふれています。リハビリでは人は目に見えて良くなってきます。足に痛々しい包帯を巻いていた人もやがて歩けるようになります。そこに集うみんなそれぞれが良くなることを信じた空間って素敵なものです。

44　やむにやまれぬ

ある問題にぶち当たったら
それはきっと
越えることができると信じること

とにもかくにも
第一歩を踏み出してみること

小さなカイゼンが
やがては
大きな成果につながることを知ること

それが
カイゼンの極意というものだ

世界の製造業に
大きな影響力を与えた
トヨタ生産方式
その生みの親の大野耐一さんが
遺している歌がある

「かくすれば
かくなるものと分かりなば
やむにやまれぬ
改善魂」

なにをするにも、人はやはり熱い人についてきますね。故・大野耐一氏の歌からはまさにカイゼンへの情念、情熱が伝わってきます。カイゼンとは今よりも、もっと良くすることへの喜びです。大乗仏教では誰にでもどんな人にでも尊い仏性（ぶっしょう）が宿っているとします。私は大野氏の言う「改善魂」も万人に宿っていると信じているのです。

45　小さく変える

たとえば
家に帰る道を
ちょっと変えてみる

すると風景がちょっと変わる
ついでに気分もちょっとだけ変わる

この方法しかない
というガンコさを捨てて
ちょっとだけやり方を変えてみる

小さく変えることを
馬鹿にする人は
積み重ねの偉大さを知らない人だ

小さな流れが
いっぱい集まって
大きな河になるように
小さく変えるは
大きく変わるにつながっている

大変だあ！という日本語はあっても、「小変」（しょうへん）という言葉はありません。でも考えてみると、どんな大変なことでも、その中身を分解し細分化すれば小変なのですね。大変だと文字通りタイヘンだけど、小変だとすぐにでも動きやすい。小さなことを積み重ねればやがて大きな事をなすことができるという金次郎の信念である「積小為大」は二百年以上経過した今、ますます輝きを増しています。

46　同じ作業なのに

ある工事現場でのことである
三人の職人が働いている

三人とも同じ作業をしていた

一人目の職人に聞いてみた
「何してるの？」
すると彼はこう答えた
「俺はレンガを積んでいるんだ」

二人目の職人に同じことを聞いた
すると彼はこう答えたのだ
「俺は塀《へい》をつくっているんだ」

さて三人目の職人は何と答えただろう？
「俺かい？俺はなあ
病院をつくっているんだよ」

カイゼンは小さな工夫のことを指しますから、ついついそのミクロな作業にとらわれがちです。右のポエムで言うと「レンガ積み」ですね。でも実は、単なるレンガ積みではないのです。レンガを積んだその先があるのです。金次郎も常に何のための積小為大なのか？と熱く説き続けてきた人でした。

47　うさぎと亀

誰でも知っている
うさぎと亀との競争のお話
♪もしもし亀よ亀さんよ
世界のうちでお前ほど
歩みののろいものはない♪
と
うさぎは亀をあざわらう
でも勝ったのは亀だった
まじめな亀の
生き方を学べというわけだ

でもね　ほんとは
こういうことなんだ
《うさぎと亀は見ていたものが違った》
すばやいうさぎは亀を
見ていただけだけど
のろまな亀は
じーっと目標を見つめていたのだ

カイゼンのためのカイゼンってムナしいものです。何のためのカイゼンか?を常に問い続けることを忘れない…これが大事。カイゼンの先の目標を見つめている人こそが輝いている人なのです。

48　我以外皆我師

ワレイガイミナワガシ

自分以外の人々はみんな
自分の先生　という意味

不朽の名作「宮本武蔵」
その作者吉川英治が
座右の銘としていたことばだ

国民的大作家になったのちも
人から学ぼうという姿勢は
生涯変わることはなかったという

リーダーたちよ！

上と下からのプレッシャーに
もみくちゃにされている人たちよ
つらい立場とはまた　一番
学ぶことのできる立場でもあるのだ
ワレイガイミナワガシ
上も師なら　下も師なのだ

考えてみると、実は誰からでもどんな人からでも学べるのですね。ふつう「師」というのは知識や経験が自分より豊富な人です。師から学ぶとはそういうイメージです。けれども、たとえば子供を持ったことのある人は経験があるでしょうが、子供からハッと教えられるということだってよくあります。子供の固定観念なしの発言でドキッとしたりもします。誰からでも学べると思い直せば、カイゼンのネタは無限に転がっています。

49　青臭い議論を大切に

ベテランほど
マンネリに陥りやすい

職場に慣れてくるほど
大切なことを忘れてしまう

なぜ私はこの職場で働いているんだろう？
そもそもオレは何したかったんだ？
仕事って自分の人生にどんな意味がある？

青臭い議論のようだが
これが原点　これが根っこ

根っこを忘れたところに

人の人生が狂ってくる
企業の不祥事も起こる
ところでベテランのあなたは
若い後輩に夢を熱く語れる？
それであなたの「青臭さ」度を測れる

だれにでもスタートの時の新鮮な気分というものがあるものです。たとえば、新しい会社を作るにもまた新しく仕事を始めるにも「初心」があったはずです。けれどもやがて時間が経過し慣れてくるに従って、どうしても忘れてしまいがちです。私は一見青臭いような、でも根本的な議論に正面から取り組む人に若々しい魅力を感じます。なんのために仕事をするんだ？とかお客さんが本当に喜ぶことって何だろう、とか…。青臭い議論には根っこからのカイゼンのヒントが潜んでいるのです。

50　自由自在に語り合う

問題が生じたら
ありとあらゆる観点から
語り合うことだ

そのために有効なのが
話し合いの三つの原則

一、何でも言える
二、決めつけない
三、あとで選ぶ

特に「決めつけない」ことが大事だよ
決めつけは視野を狭くするし
決めつけは新しい可能性を遠ざけてしまうんだ

そんなことできないよ　も決めつけだし
コストがかかりすぎる　も決めつけだ

話し合いなんだから
できるとか　できないとか
そんなことから自由でいよう

決めつけると
決してフレッシュなカイゼン策は
生まれて来ないよ

決めつけないで
何でも言えれば
たくさんの知恵が生まれる

さてそろそろ　知恵が出尽くしたかなあ
というところで
一番いいのを「あとで選ぶ」のだ

私はこの三つの話し合い原則を日本の風土にアジャストさせたブレーンストーミングだと思っています。海外の会議では、日本よりも意見の出る量がずっと多いような気がします。それはきっと私たちの国では、遠慮とか思惑とかが海外以上に作用して発言をセーブしているのでしょう。（私はそれを言う立場にない）と自ら黙ってしまうのも「決めつけ」です。

51　美しいものを観る

美しいものをたくさん観ようよ
素敵だなあ！をいっぱい体験しないか

たとえば繁盛店に入ってみよう
人が集まり　人が喜び
どんどん栄えるにはワケがあるはずなんだ

たとえば整然と無駄のない
稼働を続ける工場を観て
その効率のワケを学ぼうじゃないか

たとえばいつもイキイキとしていて
元気な人に会ってみようよ
心のカイゼン策を

教えてくれるかも知れないよ
美しいものを観た体験は
私の心の中にストックされて
次のカイゼンにきっと役に立つ

だからいつも私は
なにか美しいものを
探している

カイゼン策を豊かに出すためにはふだんから良い情報を貯めるようにすることです。なにもないところからカイゼンは自然と湧いて出てくるものではありません。ところでK社で発売したデジタル文具を私は前から注目していました。文書作成用に特化したものです。その改良型の発売後、ついに仕入れました。おかげで文書の作成効率が飛躍的にカイゼン。実はこの本も途中からこの新兵器に頼ることによって仕上げることができたのでした。

52　ワクワクする

あなたの目標が
いい目標であるか
それともそうでないかを
判断するいちばん
シンプルな方法がある

それはあなたが
ワクワクするかどうか
ということ

目標を達成した自分の姿を
思い浮かべるとき
ジワーッと心が熱く
なれるかどうかということ

ワクワク感こそが
目標へ向かっていく
最高のエネルギーなのだから

もしあなたがあなたの設定した目標にわくわくできないとしたら、きっと目標に向かっていく気持ちすら起きないでしょうね。そんなとき、いろんな角度から目標を見つめ直すことです。もっと分解して具体的にしてみるとか。全く違う角度から目標を作り直してみるとか。ワクワク感のないままの目標って、単なるお題目や建前に陥ってしまいます。ワクワクするまで目標と格闘してみましょう。

53　いつも何かに挑戦中

街を歩いていると
○○中という看板をよく見かける

準備中　開店中　閉鎖中　営業中
工事中　入院中　恋愛中
喪中　忌中　一家心中…？

それはともかく
「挑戦中」
という看板を大きく掲げてみない？

不況脱出に挑戦中
もっといい仕事に挑戦中
ダイエットに挑戦中

英会話に挑戦中
新しい技術に挑戦中…
その看板は人に見えなくてもいい
自分の心の中に
しっかりと掲げられてさえいれば

カイゼンの目標をどこに置いたらいいの?と時々聞かれる時があります。私はカイゼンできたらいいなあ!と願うところに目標設定してはいかが、と答えるようにしています。なんだ当たり前じゃないの、と思うかもしれませんね。でも自分の願いを知ってる人って意外と少ないのです。自らの願いを知れば、事はよりシンプルになります。右のポエムの「挑戦中」も、自分がワクワクするところへ挑戦するのです。カイゼンへと進むパワーはこのワクワク感なのです。

54　気づけば変わる

今でも目を閉じると
友と一晩中　人の生き方について
熱く語り合った日々を思い出す

「俺はこう思うけれど
君はどう思う？」

まっすぐな言葉のやりとりが
いろんな気づきを与えてくれた

苦い気づき　嬉しい気づき
腹が立つような気づき…

対話しながら

自分で自分の中の何かに
気づいた瞬間がある
変えてみようかな？
と動き出す瞬間だ

私は企業では十人内外の研修を多く行っています。少人数だから互いの対話が可能になるからです。講師である私の役割と言えば対話を促進することがメインです。もちろん必要最小限のテキストはあります。けれども大事なのは、本人が何を気づき、どうカイゼンに動き出すか？なのです。文字通り顔の見える、声の聞こえるグループの規模です。本心からの対話の環境が整います。対話こそ自らが気づき、自らを変える最高のきっかけとなるのです。

55　火種になる

火をおこす
元となる火を
火種という

あなたの会社の
カイゼン活動を
活発に燃やしたいのなら
あなた自身が
火種になってみない？

まずあなたが
カイゼンを好きになろう

目標めがけて

小さな工夫を重ねることって
すごく楽しいよ
火種となる人はね
カイゼン　カイゼンと
口癖にしているよ

私はリーダー研修を重要視しています。リーダーにカイゼンの火種になってもらいたいからです。火種になるための第一要件、それはカイゼンが大好きっていうことですね。好きの気持ちは必ず相手に伝わります。自分もやってみよう、となるのです。カイゼンの火の手が会社に挙がるのは「カイゼン大好きさ」の火の手なんです。

56 どんどん困れ！

カイゼンすることないかなあ？
と改めて探しても
カイゼンはちょっと難しい

それよりも
（最近何か困ったことはないかなあ？）
と探した方がずっとうまくいく

そういえば…
お客さんからクレームをもらってしまった　とか
社内のコミュニケーションが良くないなあ　とか
○○商品の売り上げが下がった　とか

それらをみんなリストアップするのだ

それらを「困ったことリスト」と
呼ぶことにしよう
リストアップされた一つ一つが
カイゼンのネタだ

困ったことリストの作成のコツは具体的に書く、ということです。具体的であればあるほど、その後のカイゼン策が出やすくなります。困ったこと、というとなんだかネガティブにとらえる人もいるかも知れませんが、実はその逆なんですよ。困ったことが職場から挙がるということは（なんとかしたい）と人々が願っている証拠なんです。だから喜んでいいのです。（どうでもいいや）と投げやりな職場では困ったことは決して挙がることはありません。

57　ヤメルヘラス

カイゼンにヤメルヘラスの
視点は欠かせない

する必要のない作業はしない
する必要のない会議はしない
する必要のないことはしない

だからときどき
「これはいらない」
「あれは減らしてみよう」と
ディスカッションしてみよう

ヤメルヘラスによって
いちばん大切なところに

カイゼンを集中させたいから
人は放っておくとすぐに
必要のないことを
し始めるものだから

鮮度とか賞味期限という言葉は食品だけのものではありません。私たちの普段の仕事にも言えることです。カイゼンした時は効果があっても、やがて時間の経過とともに次第に陳腐化していきます。私たちは次のカイゼンは何？に気を置きがちですが、ときどき過去のカイゼンを振り返るべきです。ヤメルヘラスの視点はカイゼンの新陳代謝に役立ちます。

58　どうすれば？を五回繰り返す

どうすればこの仕事はもっと
スムーズに進むのだろう？

　そうだ！新しいソフトなら
　なんとかなるかも知れない

どうすれば新しいソフトを
手に入れられるだろうか

　そうだ！誰か詳しい人に聞いてみよう
どうすれば詳しい人に会えるのだろう
　そうだ！Ａ君に相談してみよう！

しつこく　しつこく

どうすれば?を繰り返してみよう
すると
遠いように見えた解決策が
だんだん近くなるから

なぜを五回繰り返せ、とはよく言われます。なぜ?は原因究明の問いかけです。五回も繰り返しているうちに、次第に本質的な原因がわかってきます。それに対して、どうすれば?はカイゼン策を打ち出すための問いかけです。カイゼン策の選択肢を広げ、深めるために用います。

59　方法を責める

カイゼンのつもりが
カイアクになってしまう
そんなことはしょっちゅうある

ところが
「誰だ？こんなことをしたのは！」
「やっぱりお前が悪いんだ」
……これではカイゼンの気分も台無しだ

でもね
次のように語れば違ってくるよ
「やり方に問題があったんだね」
「知恵を出して

もっといい方法を考えてみよう」
…これだと気分も盛り上がる
人を責めずに方法を責める
あなたの職場にカイゼンの風土を
育てる秘訣だよ

人を責める会議はクライ。けれども方法を責める会議はアカルイ。もっと良くなる方法について、様々な角度から自由自在に検討するのですから、明るくないはずはありません。

60　シンプル&ウォーム

私はよくハガキを書く
大きな字で一言で伝える

前置きはいらない
よけいな社交辞令もいらない

入院中の知り合いには
「ゆっくりじっくり
おなおしください」とだけ
お酒をご馳走になった人には
「楽しい時間をありがとう
ございます」

言葉を飾らない
率直でありたい
でも温かさは伝えたい

メールでコミュニケーションがやりとりされる中で、私はハガキが今新しいと信じています。メールが溢れているから便りを先方に送っても、たくさんの中のワン・オブ・ゼムに過ぎません。けれどハガキはシンプルに温かくしっかりとした手応えとして相手の手に届きます。字は下手でいいのです。下手がいいのです。あなたの心さえ乗っていれば。

61　断言　明言　公言

秘めたカイゼンも
奥床しいけれど…

できれば
あなたのめざすものを
断言　明言　公言してほしい

断言とは言い切ること
明言とはわかりやすく言うこと
公言とはみんなの前で言うこと

夢や目標は
それを言い放った人のところへ
人も情報も集まってくる

それはまるで
旗を高く掲げることに似ている
旗を掲げよ　旗を振れ！
何かが動き始めるから

私は長年柔道をやっています。さすがに最近は若い選手と乱取り（自由稽古）をするのはシンドイですが、そこで一計を案じました。柔道の「形」（かた）の分野で優勝してみたい、と。いろんな人に言いました。すると大学の柔道部の仲間、私と同じ年齢ですが、一緒にやろう！ということになったのです。やっぱり、言ってみるものですねえ。

62　こちらから球を投げる

コミュニケーションは待っていても
始まらない

だから
おはよう！の一言は
あなたから発するべきだ

飲みにいこうか？の誘いは
あなたからするべきだ

あなたが
偉かろうが偉くなかろうが

あなたが

先輩だろうが後輩だろうが
最初の球は
こちらから投げなければならない

金次郎は「動く」人でした。廻村と称して、救済すべき村々を歩き、土地と人々の現状を見聞きすることを最重要視しました。つまり待たない。こちらから動く。ところでN部長が「若い者はけしからん」とぼやいていたので理由を聞くと「挨拶をしない」というのですね。でももっと詳しく聞くと、自分は部長だからこちから挨拶できない、おはようございます！は目下から口を開くべきというのです。でもそんなの関係ない、と私は思います。挨拶は気づいた人から先にする。挨拶先取り主義です。球はこちらから投げるべきなのです。

63　はず　つもり

言ったはずとか
伝えたつもり
聞いたはずとか
わかったつもり

人間どうしの職場では
「はず」や「つもり」は
しょっちゅうだ

どんなに心を込めて語っても
どんなにていねいに伝えても
ほらまたここに

誤解　曲解　勘違い
あなたの大事な人とでも
いつの間にかの　はず　つもり

ごく身近な家族であっても、ちょっとした行き違いは日常茶飯事です。ましてや赤の他人同士ではコミュニケーションは思うようには通らない、を前提にしていた方が事故は起きにくい。はずつもりがコミュニケーションの宿命だからこそ、私たちは様々なカイゼン策を実行します。たとえば極力わかりやすくする、とか、繰り返し伝えるとか…。現代は通信手段は多様です。メールあり、ツイッターあり、ラインあり。でもね、多様だからこそ、はずつもりが起きやすいのです。

64　ルール

苦心の挙句作った
僕だけのための
三つのルール

『少しずつ　一つずつ
ていねいに』

でも不思議だなあ
速度を緩めただけで
今やっていることが
ジワリと楽しくなった

不器用者の僕が
ようやくたどりついた

心境なんだ

金次郎は死の直前、門人たちを呼んで語りました。「速やかなることを欲するなかれ。速やかならんを欲すれば大事乱る」。スピードアップして仕事をやることよりも、確実に着実に成し遂げていくことを奨励したのです。

65　苦労と工夫

苦労は重ねるものだ
だからちょっと重い

「苦労ばかり多くて」
と楽しそうに語る人は
あまりいない

僕は苦労を超える
工夫をしてみたい

クロウとクフウ

一字の違いは
重さの違い

カイゼンが好きな人の口癖は「工夫」です。これちょっと工夫するともっと良くなるよ、というふうに。好きだから工夫、同じ事をするにしても、もし嫌いだと「苦労」と言うでしょう。カイゼンを前に進める力はまさに工夫する喜びなのです。

66　腹をくくる

人はときに腹をくくって
ものを言わなければ
ならないときがある

サラリーマンであれば
首を覚悟する

親しい間柄であれば
別れを覚悟する

腹をくくらないと
越えられぬ壁もある

そして越えてしまうと

そこは案外　自由で
のびのびとした空間で
あったりするのだ

ときに言いにくいことも言う勇気、嫌われる勇気も大事なのではないでしょうか。人材育成などで各地を廻っていると、やさしい上司や管理者が増えていることに気づきます。それ自体良いことです。でも人にやさしいあまりに、厳しいことを言えなくなってしまっている。それでは本当の関係とは言えません。人と人とのコミュニケーションにおいて、言いにくいことも言えるようにするのは奥深くまたとても意義あるカイゼンです。

67　お大事に

体にいいから
野菜を食べよう
健康にいいから
どんどん歩こう

というけれど
心にいいから夕日を見よう
とはあまり言わない

体だけはお大事に
とはあいさつ言葉だけれど

心をお大事にね とはあまり言わない

健康に気をつけたいなあ、と願うのも心がなせる技です。仕事も人生もどうでもいいや、と投げちゃっている人は体のことなどにも無関心なはず。心が願うことで何かが始まります。だから私は「心」優先主義をとります。金次郎はこれを「心田開発」と言いました。荒地はまずこれを耕す人の心から耕すべきだ、そしてそれさえできれば荒地はすでに開かれたも同じ事だ、と。

68　さらば！マンネリズム

いろんな角度から
モノゴトを見つめられるようにしよう

変えたり止めたり
削ったり足したり
いろいろやってみるのだ

試行錯誤をエンジョイしてしまえ

さてここでちょっと
エジソンの言葉を思い出してみよう
彼はこう言ったんだよ

「私は失敗したことがない

一万通りのうまくいかない方法を
見つけただけだ」

動くことを
嫌いにならなければ
あなたはマンネリから
おさらばしていることになるんだよ

カイゼン活動に誤解があります。カイゼンだからカイアク（改悪）してはいけないのだろう、という誤解です。その誤解が蔓延している限り、会社にカイゼンは根付きません。

Ⅲ　金次郎のカイゼンエピソード

69　人のためにカイゼンする

金次郎が十三歳のとき
子守に雇われて働きに出た

お礼に二百文の金をもらい
苗売りから松の苗を二百本買った
これを酒匂川の堤防に植えた
松の木の根は堤防を丈夫にするからだ

金次郎は病弱な父に代わって
堤防工事に出ていた
堤防を丈夫にすることの重要さを
身に沁みてわかっていたからだ

金次郎は子供心に

洪水からいかにして
村を守るかに腐心していた
雨が降らなくても
暇があれば堤防を見廻った

人々は金次郎のことを
土手坊主（注）とあだ名した

（注）土手とは堤防のこと

この話、十三歳の子供がすることなのでしょうか？

このころの金次郎は極貧の中にいました。この翌年に父を亡くし、その二年後は母を亡くしています。兄弟三人も生きていくためにそれぞれが親戚の家に預けられて一家離散しているのですよ。本来なら人のためのカイゼンどころか、自分のことだけでいっぱいいっぱいのはずです。私は思うのです。金次郎のカイゼンへのエネルギーは「利他」にあるのだ、と。利他とは他のためにつくすこと。このエピソードに大人になってからの金次郎の原型を見ます。なにせ金次郎はこれから六百以上もの村々を救うことになるのですから。

70　小さなことを積み重ねる

金次郎が十七歳のころ
初夏　金次郎があずけられていた
萬兵衛の家でも田植えが終わった

帰り道でのこと…
あちらこちらに
植え残りの稲の苗が
捨ててあるのが目についた

金次郎は捨てられている苗を
一つ一つ拾い始めた
だが拾っても植える田圃がない

そこで洪水で荒れてしまい
水たまりになっているところに
植えておいた
育つかどうかわからないけれど…

すると秋になると苗は
一俵の籾の収穫になった！

このとき金次郎は大発見をした
「小さいことでも
積み重ねれば大きいものになる」
という不変の法則を

後年「世界のカイゼン」と称賛される思想の萌芽をうかがい知ることのできるエピソードです。
金次郎は大人になってから次から次へと村を飢餓から救済していく。
その根底にあるのが、小を重ねて大を為す「積小為大」の精神です。

71　まじめなだけではダメ

金次郎はまじめに懸命に仕事をした
けれどもけっして
割のわるい仕事はしなかった

子供の頃から農業に精を出しながら
現金収入への関心は強かったし
たくみでもあった

子守をして駄賃をもらったり
山で取った薪を小田原で売ったり
また奉公して給金をもらったり…

金次郎の農耕事業は
荒地の開拓に重点を置いた

開拓した田圃からの米には
二、三年は年貢がかからないからだ
そして無税の期限が切れて
税を納めなければならなくなると
その田圃は小作に出して
小作料が入るようにした

いつも効率を考え続けていた

金次郎はコツコツと誠意を込めてまじめに働くことを奨励しました。しかしそれはただやみくもに働き続けることを意味しませんでした。トヨタが「なぜ?を五回繰り返せ」としているのは有名な話です。なぜをくり返しているうちに次第に本質に近づいてきて、その分、効率的なカイゼンができるのです。努力さえしていればなんとかなる、という努力信仰には気を付けるべきです。もちろん努力は美徳です。けれども今自分は正しい努力をしているのかどうかを常に問い続けることが大事なのです。

72　人の欲することをする

金次郎が二十七歳のとき
小田原藩の家老服部家へ奉公していた
そのとき「五常講貸金」を作った
当時としては画期的な金融システムだ
金次郎の出資する金に加えて
そこに働く人々の金を貸金の元金にし
必要な人々に貸すことにしたもの
五常とは儒教が定めた根本原理
仁＝金の余裕のある人が金を差し出す
義＝借りた人は必ず借金を返済する

礼＝金を貸してもらった人に感謝する
智＝一所懸命働いて借金を返す工夫をする
信＝すべてにおいて確実に約束を守る

物を担保に金を貸すのではなく
人の心を担保に金を貸す仕組みであった
金を貸すとき利息は取らなかった

五常講には服部家の下男　下女のみならず
家中の用人も入るようになり
大勢の人が参加した

金次郎はこのシステムを作りっぱなし
にはしなかった
飯の炊き方　薪の節約など
借金の返済法まで教えた

このエピソードで私が強く感じるのは、カイゼンは人々が、今もっとも望んでいるものを対象にすべきということです。金次郎の奉公した服部家は小田原藩の家老とは名ばかりで、多額の借金を抱えていました。後年金次郎は服部家そのものの再興にも乗り出しますが、まずはそこに働く人々の生活のカイゼンから始めました。それにしても欲しいのは「金」。五常講に毎月の給金を預けて利子を稼ぎ、十五両もの大金を手にした女中もいたといいます。

73　試行錯誤を繰り返す

金次郎が三十四歳のときのこと

小田原藩主の大久保忠真は
「領国の百姓のため
有益なことがあれば何でも申し上げよ」
と意見を広く求めた

金次郎はそこで
米の量をはかる「枡」（ます）の
改善案を申し出た

当時の枡はどこでも均一
というわけではなかった
百姓たちは「不揃い枡」で長い間苦しんでいた

しかも「込米」（こめまい）と称して
一俵の米には二升　三升と余分に入れるのが
慣例になっていた

金次郎は枡の統一を献策した
枡の容積をはかる計算方法を研究し
三杯で一俵分になるような枡をつくり
藩で正式の採用となった

ようやく公正な徴税が実現し
人々は枡の不公平から解放された
領国の百姓たちにとって年間で
五千俵ほどの減税となったという

カイゼンは試行錯誤の連続です。カイゼンのつもりがカイアクになってしまうことはざらにあります。カイアクを恐れていてはカイゼンは実現できません。金次郎も三杯でちょうど一俵になるような枡づくりに、何度も試行錯誤を重ねたといいます。一俵に米が七十五粒多い少ない、というところで何度も藩にお伺いを立てています。私もカイゼン活動の現場で「カイアクを恐れないでカイゼンしましょう！」と励まします。うまくいかなかったらうまくいくまで何度もカイゼンを繰り返していけばよいのです。ただそれだけのことなのです。

74　①自らの力で開く

金次郎が三十六歳のころ

小田原藩の分家の桜町（注）
の再建を命ぜられた
金次郎は桜町に何度も往復して現地調査をし
小田原の殿様に報告した

「殿はこれまで桜町の再建のために
多額の金を下されました
しかしそのために再建が成功しなかったのです
今後は一両も下されないように
お願い申し上げます」

驚いた藩主がその理由を聞いた

「人々はいつもお金を頂くことによって
お恵みに慣れてしまい　かえって
勤勉の気力を失ってしまうからです」

「荒廃した土地を開くには
荒廃した土地自身の力でやり　貧しい者を救うには
貧しい者自身の力をもってやればいいのです」

「秘訣は取れたコメを全部食べてしまわないで
その一部を蓄積していくことにあります」

「荒れた田を開墾し一俵の米が生産できたとすれば
その半分を食料としてあとの半分を蓄えておいて
来年の耕作の元手とするのです
毎年このようにすれば金を投入しなくとも

多くの荒地を開くことができます」

（注）現在の栃木県

カイゼンは自分の出来る範囲で自ら創意工夫することです。

人から命令されたり強制されたりするよりも、ずっと仕事は面白くなってくるはずです。自ら考え自ら動く…モチベーションにおいてこれに勝るものはありません。

74　②徹底的に調べる

小田原の殿様への進言の続きである

金次郎はこの地の年貢米の歴史を
百二十年前までさかのぼって調べ上げていた

この分家は名目四千俵の年貢だったが
この十年間の平均はというと
九百六十二俵に減退していた
四分の一の実力にまで下がっていたのだ

そこで金次郎は殿様へ進言した

一、この分家は今後九百石を限度として生活する
二、これを守れば必ず十年後には復興が成功する

三、復興の目標は二千石であり　決して四千石ではない
四、百二十年間さかのぼった調査によると
　当地は痩せていて二千石を目標とするのが妥当
五、従って復興後の年貢米も四千石ではなく
　二千石を基準としていただきたい

進言の結果　この分家には
復興するまでは九百石　復興が完了した後も
二千石という限度を守ることの確約を取り付けた
小田原の一百姓が平和裏に話をつけたこと
それは百姓一揆でも農民運動でも
実現できなかった年貢の引き下げであった

藩主とのやりとりは金次郎の調査した「古今盛衰平均土台帳」をもとにしています。今後の年貢の在り方を割り出すために百二十年もさかのぼって調べ上げたのです。殿様も根拠ある数値に深くうなづいたに違いありません。カイゼンは試行錯誤の連続ではあるが、それはやみくもな一所懸命を指すのではありません。正しい努力の方向をめざし続けるものなのです。

75　形式にとらわれない

烏山藩（栃木県）の飢饉を
救った時のことである

「分度」の確立の調査を
先にするべきであったが　金次郎は
急ぎ救助米を先に出すことを申し出た

飢えた領民が蜂起して
金持ちの家を打ち壊すなどの
騒動も起こっていたのだ

金次郎は千数百俵の米を粥にして
死を待つばかりの村民の命を救った
支給したのは一人につき一日一合

一合を一度に与えずに
四回に分けて粥にし　一日に一度は
菜と味噌を混ぜてうすい雑炊にした

金次郎は語った
「この粥は小田原藩の殿様の
御仁意によって倉が開かれたものだ
新しい麦が実るまでの辛抱だ
空腹を我慢することが仕事と思って
毎日を送ってくれ」

また草や木の根や皮を食べることは
病気のもととして禁じた

カイゼンは形式にとらわれてはなりません。金次郎の救済事業は、事前に綿密な事前調査が行われることで知られていました。ところが結果がでるまでは数か月かかります。そうなると餓死者は増えるばかりです。そこであえて金次郎は従来の形式を無視して、今空腹に苦しんでいる人々に米を解放したのです。カイゼンは優先順位を無視してはカイゼンとは言えません。今必要なこと、今大切なことにとりかかるべきなのです。

76　やる気のある人を表彰する

金次郎が三十七歳のとき
第二の故郷ともなる桜町
へ移り住んだ

金次郎は村人の士気を高めるために
表彰を大いに活用した

指名ではなく
村人どうしの投票によって
善行者や村一番の働き者を選ばせた

表彰の内容は金であったり
農具であったり
住居の納屋の新築であった

人は誰も自分の得意とするところや、長所を活かした仕事をする方がずっと元気になります。人の集団もまた同じことが言えます。やる気のある人や優れた人々を評価し、これを活かすことによって集団全体の「元気」が沸き上がってきます。金次郎の生涯は荒地を精力的に掘り起こすことにありましたが、それ以前に人の表彰によって人々の心に潜む元気、活力を掘り起こしていったのです。

77　場力《ばりき》を探し求める

金次郎四十三歳のとき
農村の救済の仕事がなにかとうまく
いかないことがあった
金次郎は三か月間桜町を失踪した

あちらこちらを歩き回り
ついに成田山にたどり着いた
桜町の貧困と荒廃を救いたい　どうか
それをやりとげる不動心をお与えください
と成田不動尊に祈った

断食修業を始めた
二十一日間水以外口に入れず
一日数回冷水を浴び

「護摩行」に参座するという
厳しいものであった

救済事業は道半ばであった
明らかに金次郎の仕事を
妨害する者もいた

不動明王を祈りに祈り
反対者には反対の理由があり
それはまた自分の誠意が足りず
原因が自分の方にもあることを悟った

三か月間の失踪は同時に
金次郎がいなければ
復興は始まらないことを
村民に身にしみて感じさせた

桜町に帰ると　これまでの苦労が
ウソのように仕事が順調になった

誰でもカイゼンをする意欲を失うときがあります。金次郎の場合は自分の意とするところが理解されず、役人からも農民からも誤解される時期があったのです。相当なつらさでしょうね。誠意や熱意が全く伝わらないのですから。ところで私はかつて「場力」（ばりき）という概念を提唱したことがあります。場からバリキをもらう。たとえば気に入ったカフェで静かに読書したり執筆したり…。ときに今までの環境を変えて心を切り替えることのできる場を求めるのです。金次郎の場合は成田山新勝寺でした。現代に働くビジネスマンにとっても工夫すれば様々な場力を求めることができます。

78　カイゼンにはすじ道がある

金次郎四十九歳のとき
谷田部細川家の再建を引き受けた
そこは熊本細川家の分家であった
しかし火事や飢饉も重なって
財政が破綻してしまったのだ

仕事にとりかかる前　金次郎は
細川家の代表の者に語った

「本家である熊本の細川家は
仁の心が厚いので
分家であるあなたの細川家へ
これまでに八万両もの資金援助をしている
藩の復興の計画を報告して

本家を安心させるがよい」

すると代表の者は顔色を変えた

「実は私ども分家と本家とはこれまで

二百年以上も前からの怨恨があるのです」

分家の祖が大坂の陣で戦功を挙げたとき

徳川家康から莫大な恩賞の声があった

が　それは過分として本家から待ったがかかった

その恨みが今も延々と続いているという

金次郎は言った

「分家細川家が復興を図ろうとするのなら

まず人倫の根本に立ち返って

本家と分家との間の親しさを復活すべきだ」

いつまでも怨恨関係が続くのであれば
復興の仕事を引き受けることはできない
とまで言い切った

驚いた代表者は早速藩の家老などを伴い
細川本家の江戸屋敷を訪れ　これまでの恩義を謝し
復興計画書を説明した
本家の重鎮はこれまた驚きかつ喜び
今後の協力を約束した　という

私はこのエピソードからカイゼンの筋道ということを思います。

どんなに本人にとってのカイゼンが都合よく運んだとしても、それが他の迷惑になったり、他の気持ちを害するものであれば、それはけっして長続きするものではない。

私はかつて「カイゼン活動とはコミュニケーション活動である」と定義したことがあります。

コミュニケーションとは他との関わりに思いを寄せることです。

他との関わりの中で最適解を見出していくものがカイゼンなのです。

79　緊急事態に対応する

金次郎が五十一歳のとき
出身地である小田原藩の
飢餓を救うようにと命令を受けた

時は天保八年
大塩平八郎の乱が起こった年
全国的に米価が高騰　農村も市中も
大動揺を来たしていた

金次郎は小田原に急行　城の役人に
米蔵を開いて解放するように依頼した

ところが…城の家老たちは
「我らのところにはまだ

正式の命令が届いていないので
米蔵を開くわけにはいかない」と応じない

役人根性に金次郎は怒った
「こうしている間にも
領民は飢餓で死に直面しています
応じないのであれば私は断食します
だからあなたたちも断食してください」と迫った
その気迫に負けて城方はやっと承諾した

早速金次郎は村内を巡回した
状況により無難　中難　極難に分類し
その程度に応じて米を分配した
領内には三百超の村があったが
その半分が救済されたという

小田原領内では一人の餓死者もなく
無事飢饉を免れることができた

カイゼンは日常のことです。日常では優先順位はことさらに問題にならず、一つ一つの工夫や努力が粛然として積み重ねられていくように見えます。けれども一たび緊急事態ともなると局面は全く異なってきます。最も大切で最も急ぐことから行動を起こしていくことになります。「私も食を断つからあなた方も食を断て！」…金次郎の鬼気迫る姿が目に浮かぶようです。

80　カイゼンはバトンパスである

金次郎が五十二歳のときのこと
大磯に川崎屋孫右衛門という商人がいた
とても強欲な男だった

米価が高騰の中
ついに大磯でも暴動が起こった
首謀者たちに加え　慈悲に欠けるとして
孫右衛門までもが役所に引き立てられた

孫右衛門が牢獄にいる間に
こんどは大火災が発生して店が全焼
妻は心痛のあまり
二人の子供を残して死んでしまう

その理不尽に孫右衛門は狂人のように
猛り怒り　もう手を付けられないほど

金次郎は語った
「善の種をまけば善が実り
悪の種をまけば悪が実る
そなたは災難にあったというが
それは自分がまいた種が実っただけのこと
『米価高騰をうまく利用して
どうやって儲けようか』と
そんなことばかりを考えていたのだろう
暴動は悪いことであるが
これを起こした原因は孫右衛門にある
さて　そなたの五百両を町内に差し出すがよい

『凶年のときには迷惑をかけてすまなかった
残っている金が五百両あるので
町内の貧困救済にお役立てください』と」

孫右衛門はその後改心し、また商人としても町の人たちに受け入れられ安定した生活を送ったといいます。私はこのエピソードから、リオオリンピック（2016年）、男子四百メートルリレーの活躍をイメージしました。トラック種目で史上初の銀メダルに日本中が沸き立ちましたね。リレーはバトンパスが命です。それぞれの懸命の走りがバトンパスによってつながっていきます。金次郎は孫右衛門に因果応報の教えを伝えたかったのでしょうが、私には次から次へとカイゼンを渡していく連鎖に見えたのです。カイゼンを受け取り、カイゼンを次へ渡していく…。そのバトンパスが崩れたとき組織全体が迷惑をこうむります。

81　カイゼンは全社活動である

金次郎五十二歳のころ
ある日　下館藩（今の茨城県）の
郡奉行の相談を受けていた

「わが藩は年々窮迫して
借金は数万両に及び　元金　利息ともに
返済する方法が見つかりません
そのため毎年借金が増え　もはや家中の侍に
給与を与えることもできません」

かなり深刻な内容であったが
金次郎は容易に腰を上げなかった
「挙藩一致」の体制を待っていたのだ

「まず下館藩の殿様の方から小田原藩（注）
の殿様の承認を得てほしいのです」

金次郎はこれまでの経験から
復興事業の成否を握るのは
藩主の決意と家臣の覚悟いかんに
かかっていることを身に沁みて感じていた

さてようやく復興事業が始まり
下館藩主も相当な倹約生活に突入した
金次郎の説得によって
家老や家臣の何人かは自身の俸禄を辞退した
挙藩一致の体制がようやく
できあがっていったのである

（注）金次郎は小田原藩に所属していた。

カイゼン活動では、トップが軽い気持ちで「カイゼン活動でもやらしておけば…」程度の認識では必ず失敗します。カイゼンは全社活動です。金次郎の言う「挙藩一致」です。社長や管理職はその立場でできるカイゼンがあり、現場には現場にしかできないカイゼンがあります。全社的カイゼン活動はトップおよび現場のリーダーの情熱に比例して盛り上がるものなのです。

82　燃えてるやつをより燃やせ

金次郎が五十九歳になって
相馬藩の復興事業が始まった
着手の前に　金次郎の指示により
過去の租税の実績の調査が行われた
「分度」の確立のためである

相馬藩の家臣たちはなんと
過去百八十八年までさかのぼって
資料を調べ上げた　さすがの金次郎も
「これで適切な分度を定めることができる」
と驚きかつ喜んだ

復興事業の開始にあたり
相馬藩側は荒廃の最も悲惨な村から

始めてほしいと依頼した

だが金次郎は反対した
「私のやり方は　よい者をほめ
よくない者をこれに習わせるものです
善人をほめれば不善の者も
これに習ってよくなるものです
だから最初の村を選ぶときは
他の村の手本となるような村を選ぶべき
水は高いところから
低いところへ流れていくように
物事はすべて善を先にする方が良いのです」

カイゼン活動の専門家として、私はよくキャンプファイアーの例を話します。野外で火を起こすときに、枯れ木や新聞紙などまずは燃えやすいものから燃やしますね。初めから生木を燃やそうとしても徒労に終わるだけです。人の集団もこれと同じようです。意欲のある人、燃えている人をより燃やす。すると彼らが現場にもどって、さらに周りの人たちを巻き込み燃やしていくのです。

83　役に立ってこそのカイゼンだ

金次郎が五十三歳のころ
富田高慶という人物との出会いがあった

彼は相馬藩（今の福島県）の家臣で
学問によって身を修め国を治めることを
願う若者であった
金次郎の名声を聞き入門を願ったが
忙しさを理由に許されなかった

高慶は近くに漢学の寺子屋を開いて
実に百二十日もの間入門の許可を待ち続けた
その熱意から金次郎はようやく彼と面談した

「おまえは学者だそうだが

豆という字を知っているかな？」
変なことを聞くと思ったが
高慶はしかたなく筆と硯を借りて達筆で
「豆」の字を書いて差し出した

金次郎は門人に倉庫から豆を持って来させ
縁側にその豆と紙に書いた豆の字を並べた
そして厩から馬を連れてくると
馬の鼻先を縁側に向けた
馬は紙に書いた豆の字などは目もくれずに
本物の豆を喜んで喰い始めた

金次郎は続けて…
「学者の豆はたとえ一千万字あったとしても
馬は見向きもしない」
高慶は　机上の学問は実生活では

役に立たないことを悟ったという

実際の役に立つことは実に楽しい。そして嬉しい。一つ一つのカイゼンは小さくとも、現実の一つ一つの困ったことが消去されていくからです。私はよく現場でみんなと「困ったことリスト」を作ります。納期が遅れて困ったとか、コミュニケーションが悪くて困ったとか…。困ったことは次から次へと書き上げられていきます。具体的にリストアップされた一つ一つがカイゼンのネタなのです。ちなみに富田高慶はその後、金次郎の高弟の中でもその筆頭となりました。また金次郎の長女（文子）と結婚しました。

84　根本的にカイゼンせよ！

金次郎が五十六歳のころ
江戸幕府老中首座の水野忠邦から
利根川水路工事の調査を命ぜられた

これは歴史的な難工事で
これまで幕府は多大な費用と人を繰り出したが
すべて失敗に終わっていた

金次郎の報告書は　沿道の貧乏な村々を
豊かにすることから着手すべき　とした
完成までは十五年かかるだろう
という遠大なものだった

しかし水野忠邦は突貫工事を望んでいた

この頃の国防上の課題もあった
黒船が盛んに来航し不穏な空気が強くなっていた
万一　江戸湾封鎖ともなれば
東北地方の物資をこの水路で江戸へ運ぶことができる

時間のかかる金次郎の案は採用されなかった
金次郎は採用されない案をわざと提出したらしい
水野の頭には村民への配慮は一切ない
用水路や干拓が出来ればそれでよかった

が　短期決着型では問題は解決しないことを
金次郎は知っていたのだ

カイゼンには表面的なカイゼンと根本的なカイゼンがあります。根本的なカイゼンを推進するには物事の本質を探り当て、必要な時間をかけて確実にカイゼンを進める必要があります。ちなみに水野のこの工事は、その後従来通りのやり方で膨大な人力と二十五万両もの資金を使いました。が、あまりの難工事でなんの成果もあげられませんでした。そして水野の失脚を機に中止となったのです。

85　時機を待つ

七年も待たされて日光神領の
復興事業の許可が
幕府からおりた時のことである

門人たちは意気込んだ
「先生は八十四巻の日光神領の事業書をお書きになり
ようやく日の目を見ることになりました
ただちに復興事業を開始し　領民を
安心させてやっていただきたいと思います」

ところが金次郎は少しも急ぐ様子がなかった
「あらゆるものには時機がある
とくに今度のような大事業の場合はなおさらである」と

実は日光神領の年貢について
村民から疑惑の眼があった

「荒地を開墾して新しくできた田畑には
あらたな租税がかかってくるに違いない
そうなれば村としては損をする
今回の事業は復興の名の下の
年貢増加が目的なのではあるまいか」

もし二宮金次郎がこの土地に来たら
日光の御陣屋に開発中止の訴えをしよう
と扇動するものがいたのである

金次郎は動きの鎮静化を待っていた

もし金次郎が、もう七年も前に作った計画なのだから、なるべく早くやろうと事業にとりかかっていたら失敗していたでしょう。金次郎は病身を押しながらもじっくりと村々を歩き回り、大谷川（だいやがわ）の水路を作って水問題を解決したり…と村民の信頼を得、そののちに本格的に復興事業に入り成功しました。カイゼンには自己完結で済むものとそうでないものがあります。自己完結型カイゼンは、他との影響をそれほど考えなくともカイゼンが成立し完結するものです。しかし金次郎の考える日光神領全体のカイゼンは他との関わり、とりわけ人心を無視して成功するものではありませんでした。

86　個別から普遍をめざす

金次郎が五十八歳のとき
幕府の直轄領である日光神領の
復興計画書の作成を命ぜられた

役人たちはただちに現地へ行って
調査するよう促した
が　金次郎はそうしなかった

「日光神領は家康公の御領ですから
最高の復興事業であるべきです
他のあらゆる事業の手本であるべきです
そのため個別的なものではなく
普遍的なものでなくてはなりません

普遍的なものを作るにはこれまでの
経験と資料を集めて分析すればよろしいと思います
いったん普遍的基本的なものができれば
日本全国どの地方で復興事業をやる場合でも
これが利用できます」

金次郎は弟子の中でも精鋭を集め
あらゆる雑用や来客を退け
ようやく出来上がったのが二年三か月後であった
金次郎はそれを「富国方法書」と名付けた

個別から普遍へ…。それはまた技術から思想へと昇華したものと言えます。生涯に六百以上の村々を救済した金次郎の経験の結晶です。現代の企業でも、人々の心を結集するために様々な試みがされています。それは企業理念であったりまた現場のマニュアルであったりします。でも心血を注いだこの「富国方法書」も実行に移されたのはそれから七年後、金次郎の死の三年前でした。

87　いやな上司との接し方

金次郎が六十一歳になったころ
真岡（今の栃木県）の桑野村の
新田開発を計画した

早速開墾に当たり
四町八反あまりの田畑ができ
村人たちは大喜びした

代官は山内総左衛門であり
その許可をとっての事業であった
ところが役人たちから抗議の声が上がった

「二宮金次郎のやり方は
従来の旧法に反するものだ

代官所から公式に承認を受けたものではない
もはやわれら役人は必要はない
退職させてもらおう」と詰め寄った

気が弱く優柔不断な山内代官は
「これは金次郎の独断でやったことである」
と言い放った
自分の責任問題になることを恐れたのだ

金次郎の心中は
憤懣やる方ない所であったがぐっとこらえた

「全責任は私にあります
復興した田畑を元の荒地に戻し
掘り起こした用水路も埋めましょう
復興に千日かかる仕事も廃棄するには一日で充分です」

金次郎の鬼気迫る答弁に代官はたじたじとなった
結局　復興した田畑はそのままとし
幕府のお伺いを待つこととなった

いやな上司はどこにでもいます。私もサラリーマン時代、会議中にあろうことか上司に向かって「表へ出ろ！」などと怒鳴ってしまった体験があります。感情を爆発させるのは、その場は一瞬のカタルシス作用があってすっきりしますが、でも段々後味が悪くなる。そのときは退職願いを出しましたが受理はされませんでした。金次郎も封建時代の堅苦しい縛りの中でどれだけ嫌な思いを重ねてきたことでしょう。しかし金次郎は「待つ」ことに長けていました。正論を無理やり通すのも一つですが、正論が通るのをじっと待つのは有効な方法です。

88　けっしてあせらない

金次郎七十歳のときその生涯を閉じた
死の前日　門人たちを枕元に呼んで
次のような訓話をした

「速やかなることを欲するなかれ
速やかならんを欲すれば大事乱る
勤めよや　小子　倦むことなかれ」

けっしてあせってはならない
あせればあせるほどうまくいかないものだ
怠けずに一所懸命励むことだ…と

「私を葬るのにその分を越えてはならない
したがって墓石を立ててはならない

傍らに松か杉の木を
一本植えておけばそれでよい」とも厳命した

金次郎の一生を振り返ると
その生涯はすべて村を開き人をたすけるにあった

金次郎の手腕であれば
大地主となり巨万の富を築くことができた
が　金次郎が日光の地で死去したとき
金次郎所有の田畑は一坪もなく
膨大な資金もすべて農村復興に投入され
私有財産としては全く残していなかった

墓石は作るな、と遺言した金次郎でしたが、死後結局墓石は立ちました。門弟たちにとって墓石なしではしのびない、ということであり、また金次郎の妻波（なみ）もそれに賛同したからです。それはともかくとして「速やかなることを欲するなかれ」という遺言は心に沁みます。スピード重視の今だからこそ新鮮に響くのです。時間をかけて根っこからじっくりとカイゼンしていく大切さを私たちに覚醒させてくれるようです。

おわりに

金次郎の生まれたのは、現在の神奈川県小田原市に近い栢山（かやま）です。とても貧しい家でした。その上金次郎は二人の弟とともに孤児になったのです。家族は離散、長男の金次郎は父方の伯父万兵衛のもとに引き取られました。

さて、二宮金次郎はどんなところで生まれたのだろう、と行ってみることにしました。生家のある栢山（かやま）駅は小田急線の一駅、急行は止まりません。すごい田舎、えらいところへ来ちゃったなあという印象です。駅から生家までは歩いて十五分もかかりました。途中で選挙ポスターが貼ってあるのが目に入りました。よく見ると政治家の名前の下に「積小為大」と印刷。この地の生んだ思想を胸に、と書いてあるのです。いよいよ金次郎さんの本拠地、という思いを強くしたものです。

ようやく茅葺き屋根の民家に到着。この家は実際に金次郎と二人の弟が生まれた家です。金次郎の家は貧乏でしたから人に売られたりもしましたが、江戸時代から明治大正昭和と移り行く中、「金次郎の家」として大事にされてきたそうですね。だからそのまま残っています。

平屋の簡素なシンプルな家の前に立ち、目をつぶると二百三十年前の百姓家の喧騒が聞こえてきそうです。家の中の暗がりに、背負いかごがポッンと置いてありました。（ああ、こ

（2016年、著者撮影）

ういうのを背負って山道を歩いていたんだなあ）

ただ金次郎が実際に歩きながら本を読んでいたかというと諸説あるそうですが…。

救済のキーワード

生家に隣接して建てられているのが「尊徳記念館」です。入館料二百円、小田原市の施設です。金次郎の生涯や教えを学べる展示がしてあります。記念館の玄関の横に大きなボードがあって、「尊徳の教えと考え」として四つのキーワードが紹介されています。

至誠（しせい）
勤労（きんろう）
分度（ぶんど）

（尊徳記念館にて、著者撮影）

推譲（すいじょう）

まず「至誠」。ウソ偽りのない真心のことですね。そして「勤労」、まじめに働くこと。この二つはまあ、当たり前と言えば当たり前。誰でもわかります。

でも次の、「分度」と「推譲」、この二つが極めてユニークかつ重要。

「分度」は現代では聞き慣れない言葉ですが「自分の置かれた状況や立場にふさわしい生活を送ること」です。よく分度を守る、といいますが金次郎は身分を固定させる意味で使っていません。むしろその逆です。彼の言う分度とは、過去何十年もの収納を調べ上げて、それぞれの収入に対する支出をきちんと予算立てすること。金次郎は分度を各人だけではなく、領主自らが財源に分度をたてることを要求したのです。人々はよく働き、必ず余分が生まれることが求められました。以上を前提に次のキーワードにバトンタッチされます。

それが「推譲」。大辞泉によると「人を推薦して自らは譲ること」とあります。金次郎は次のように考えたのです。分度生活によって余分の金や土地が生まれると、これを子孫に残す。あるいはまだこれからの人々への再建基金にあてる。そこで得られる余分はさらに他の家や村に及んでいく。この思想は大きい！金次郎は単に個人の繁栄だけをめざしていたわけではないのです。この分度と推譲こそが救済のもっとも有効な方法だったのです。またこうも言えます。至誠、勤勉、分度とは個人的な心構えですが、推譲に至って初めて社会性を帯びてくる、と。

感謝

金次郎については多くの文献があります。私はあくまでも元祖カイゼンとしての金次郎をつかみたかったため、二宮金次郎のエピソードと肉声を生き生きと伝える三冊の文献を中心に参考にさせていただき小著を完成することができました。心より感謝申し上げます。

「二宮金次郎の一生」三戸岡道夫著、栄光出版社刊。

金次郎の生きざまを深くわかりやすく描いている名著です。著者の三戸岡道夫氏、栄光出版社石澤三郎社長のご厚意により、小著第三章のエピソードは主に三戸岡氏の作品から引用させていただくことができました。

「二宮翁夜話」福住正兄著、岩波文庫。

金次郎の高弟の一人、福住正兄が直接受けた教えを書き留めたものです。現代語訳は「日本の名著26　二宮尊徳」児玉幸多他訳、中央公論新社刊にあります。当社ライツ管理部の方のアドバイスにより、基本的に直接原文に当たり金次郎の肉声を訳すことを試みました。

「二宮先生語録」(上)(下)斎藤高行原著、佐々井典比古訳注、一円融合会

著者はやはり金次郎の高弟の一人で、七年間随身してその肉声を記録しました。原著は漢文ですので、本書の現代語訳を参考にいたしました。

◆著者プロフィール

松﨑俊道（まつざき・しゅんどう）

1950年宮崎県都城市生まれ。上智大学外国語学部卒業後、日本能率協会、船井総合研究所を経て経営コンサルタントとして独立。世界語としてのKAIZENの普及に心血を注ぐ毎日を送っている。働く人々を応援するメッセージをシンプル＆ディープに伝えたい！の思いからビジネス・ポエム（仕事詩）を考案。研修の現場で大きな成果を上げている。産経新聞一面の「朝の詩」欄の常連でもある。対話を重要視した人材育成「リーダー元気塾」を展開中。全国各社のリーダー社員に熱く語りかけている。これまで直接育成したリーダー社員は3000名を超える。

著書に「談笑力」「ムダ斬りできたら一流」「人間力強化書」「壁の越え方」「元気力」「カイゼン・ポエム」他多数。

著者連絡先　matsuzaki@kaizen.co.jp

KAIZEN　二宮金次郎のすごい働き方

平成30年5月25日　第1刷発行

検印省略

著　者　松　﨑　俊　道

発行者　石　澤　三　郎

発行所　株式会社　栄光出版社

〒140-0002　東京都品川区東品川1の37の5

電　話　03（3471）1235

FAX　03（3471）1237

印刷・製本　モリモト印刷㈱

ISBN 978-4-7541-0164-0